TOUCHATOUT

MÉMOIRES

D'UN

Préfet de Police

PARIS

C. MARPON ET E. FLAMMARION

ÉDITEURS

26, RUE RACINE, PRÈS L'ODÉON

TOUCHATOUT

MÉMOIRES

D'UN

PRÉFET DE POLICE

PARIS

C. MARPON ET E. FLAMMARION, ÉDITEURS

RUE RACINE, 26, PRÈS L'ODÉON

1885

MÉMOIRES

D'UN

PRÉFET DE POLICE

TOUCHATOUT

MÉMOIRES

D'UN

PRÉFET DE POLICE

PARIS

C. MARPON ET E. FLAMMARION, ÉDITEURS

RUE RACINE, 26, PRÈS L'ODÉON

1885

AVIS UTILE AU LECTEUR

Dans le livre que l'on va lire, tous les passages guillemetés et imprimés en caractères italiques ne sont pas de moi. Je les ai copiés textuellement dans un autre ouvrage qui offre avec celui-ci quelque similitude. — Cet aveu que la probité m'arrache coûte beaucoup à mon amour-propre ; mais je le devais au public. Je ne voudrais pas devoir plus tard mon entrée à l'Académie à des chefs-d'œuvres chipés à un confrère.

Touchatout.

MÉMOIRES

D'UN

PRÉFET DE POLICE

I

Pourquoi j'écris les mémoires d'un préfet de police.

Pourquoi?.... ô mon Dieu! c'est bien simple. D'abord, parce que j'espère que ce titre, qui fait bien à l'œil des curieux, les fera vendre, et que je compte sur l'imbécillité de ce même public, qui achète toujours de confiance des cartes transparentes, croyant y voir des choses... drôles qui n'y sont pas, et des livres à titres scabreux, espérant y trouver des révélations qui n'y sont pas davantage.

Un autre motif me pousse à publier ce feuilleton, destiné à faire monter mon tirage et le rouge au front de mes lectrices : pendant deux années que j'ai dirigé la préfecture de police, j'ai été horriblement calomnié, vilipendé et injurié par une presse immonde qui attise les plus mauvaises passions en excitant les gens qui n'ont jamais eu qu'une opinion contre ceux qui — comme moi — en changent aussi souvent que cela leur paraît profitable.

C'est à ces calomnies que je veux répondre.

On a bâti sur mon dos une foule de légendes perfides, entre autres la mystérieuse affaire de la rue Duphot.

On m'a reproché de n'avoir pas su mettre la main sur aucun grand criminel (Walder, par exemple), et d'avoir fait déborder Saint-Lazare de toutes les femmes honnêtes qui ne pouvaient justifier d'une carte de fille publique (affaires Bernage, Eyben, etc., etc.).

J'expliquerai tous ces faits et je ferai également la lumière sur des sujets plus graves de la politique.

Il est bien entendu entre nous que les éclaircissements que je donnerai n'éclairciront rien et que personne ne croira un traître mot des allégations à l'aide desquelles je me justifierai, attendu qu'il faudrait être bête à couper au couteau pour prendre au sérieux les racontars d'un chasseur qui veut tout mettre sur le dos du lapin.

Mais la question n'est pas là. Tout mon truc est dans mon titre. Quand un homme qui a eu pendant deux ans à sa disposition les dossiers secrets de tout le monde monte sur une borne en criant : *Je vais vous en raconter de raides !...* il faudrait n'avoir pas deux sous dans sa poche pour se refuser un tel plaisir.

L'idée d'écrire ces mémoires m'est venue l'autre jour, « *en fouillant les rayons de ma bibliothèque* », où j'ai retrouvé — soigneusement cataloguées — toutes les injures prodiguées par la presse « *à ma personne et à mon administration* ».

Mais, me dira-t-on, si vous pensez écrire des mémoires secrets à l'aide de documents que tout le monde connaît déjà pour les avoir lus dans tous les journaux; vous ne serez guère intéressant.

Et moi, je réponds :

— Attendez donc !... Ces documents que tout le monde connaît, je les corse de quelques autres inédits, notamment de « *quelques dossiers que j'ai considérés comme personnels* » et que j'ai pris sous mon bras en quittant la préfecture.

— Fichtre !... mais !... et le secret professionnel?... me dites-vous.

— Et votre sœur?... vous réponds-je.

Je terminerai ce préambule en déclarant ce que déclarent tous les hommes modestes qui ont occupé une place et qui ne l'occupent plus.

C'est que « *de mon temps, la préfecture n'était que menacée* » mais que, maintenant que je n'y suis plus, « *j'ai bien peur qu'elle ne soit compromise* ».

Que le ténor vidé qui, après avoir quitté l'Opéra, trouve que ceux qui y restent ont de la voix, me jette la première pierre.

II

Quelques mots d'autobiographie avant d'entrer dans le vif.

Je suis né en 1840. Ma nourrice dut prendre, m'a-t-on raconté, des précautions inouïes pour m'élever, tant j'étais déjà cassant.

Aucun biographe n'a indiqué exactement le lieu de ma naissance. Seul je le connais.

Je suis né, non pas, comme on l'a dit, à Marcoux, près Digne (Basses-Alpes), mais bien à *Rogant* près *Omptueux (Haut-Ain)*

Cette origine, d'ailleurs, eut une grande influence sur mon caractère et depuis j'ai toujours apporté, dans toutes les circonstances de ma vie, cette aménité et cette courtoisie qui se perdent beaucoup de nos jours et que l'on ne retrouve plus guère que chez les cochers de fiacre qui n'ont pas fait leur *moyenne* et les concierges en train de déjeuner.

Tour à tour avocat et journaliste de l'opposition sous l'empire, j'eus la présence d'esprit de me faire condamner à trois mois de prison le 3 septembre 1870, ce qui me permit d'être relaxé le 4 au matin, l'empire ayant été démoli pendant la nuit.

Nouveau Latude, — *ou trente-cinq minutes de captivité*, — je devins vite à la mode par le fait de ce long martyre, auprès duquel les persécutions de Barbès et l'exil de Victor Hugo ne paraissent plus que des fondants à l'ananas, et dix jours après j'étais nommé, par le gouvernement de la Défense nationale, procureur de la République à Lyon.

C'était mon affaire en plein. Doué d'une certaine poigne, je sus tenir à une égale distance la chèvre réactionnaire et le chou anarchiste.

Je devins député, conseiller général et fis partie des fameux 363 que plébiscita la France en réponse à l'accès de diarrhée de coup d'État du Guibollard des temps modernes.

Nommé rapporteur du projet de loi d'amnistie, je votai contre l'amnistie totale, ne pouvant me faire à l'idée que les égarés de mars 1871 pussent expier, à moins de cinquante années de bagne, les trente sous par jour qu'ils avaient touchés pendant six semaines pour nourrir leur famille.

Ce dernier acte appela sur moi l'attention du gouvernement, qui me nomma préfet de police.

Ma nature modeste et austère me porta tout naturellement à accepter un poste commode, en ce sens qu'un homme peut également n'être capable de rien sans contrôle ou capable de tout sans responsabilité.

Cependant je me fis un peu prier, ayant pour principe que « *trop d'empressement à accepter de hautes fonctions a toujours un air de gloutonnerie inconvenante et grossière* ».

Le premier mot d'un homme malin à qui l'on offre quelque chose dont il a une envie folle doit toujours être : « Non, vrai... ça ne me dit pas ! » et le second : « Enfin !... si c'est pour vous être agréable... »

Inutile de dire que je tins la dragée haute au ministre et mis à mon acceptation la condition que j'aurais absolument carte blanche pour bouleverser de fond en comble les services de *ma* préfecture.

Comme mes lecteurs le verront au cours de ce récit, j'ai toujours eu la modestie qui sied aux hommes de génie, et j'étais trop persuadé qu'un poste occupé par d'autres que moi ne pouvait être dirigé que d'une façon ridicule pour admettre un seul instant que je pusse conserver le plus minime détail des organisations précédentes.

Le 5 mars 1879, ma nomination comme préfet de police paraissait au *Journal officiel*, et le dimanche suivant, le *Tintamarre* la reproduisait, en la faisant précéder de cette phrase flatteuse que j'ai tenu depuis à honneur de si bien justifier :

« Que les assassins se rassurent et que les honnêtes femmes tremblent. »

III

Coup d'œil rétrospectif. — Le conseil municipal. — La « Lanterne. »

Je trouvai — comme je m'y étais attendu d'ailleurs — la préfecture de police dans un état déplorable. Le préfet rencontrait au conseil municipal une hostilité toujours croissante.

Sous prétexte qu'elle avait le droit de voter le budget de la police, cette assemblée, composée de gens généralement mal peignés, avait l'outrecuidance de prétendre en avoir pour son argent.

D'un autre côté, la mauvaise presse — celle qui a l'exécrable manie de pousser des cris d'écorché chaque fois qu'un pauvre gardien de la paix plonge son épée dans le ventre d'un misérable qui s'est oublié au pied d'un mur —

avait entrepris une campagne féroce contre la préfecture de police.

Le journal *la Lanterne*, par la plume de M. Yves Guyot, se distinguait par son acharnement, s'indignant à tout propos parce que de temps en temps un brave agent des mœurs avait sauté à la gorge d'une honnête mère de famille qui passait seule le soir dans une rue, allant chercher son bébé qu'elle avait laissé à dîner chez son oncle, et l'avait conduite à Saint-Lazare à coups de pied dans le ventre.

La situation était intolérable.

M. Albert Gigot, mon prédécesseur, n'avait pas peu contribué, par sa mollesse, à rabaisser le prestige de la préfecture de police.

M. Albert Gigot était certainement un très brave homme, mais pas taillé du tout pour un métier pareil. « *Il se laissait arrêter par d'honorables scrupules.* »

Ainsi, par exemple, il n'hésitait pas à donner audience à ce même Yves Guyot qui avait l'audace de lui signaler les abus de ses subordonnés, et quant il lui était prouvé qu'un agent des mœurs ivre avait, je suppose, traité une femme honnête comme une fille publique en lui mettant la main au collet — faute de mieux, — il révoquait naïvement l'agent.

On comprend à quel point une telle attitude devait discréditer la police, et combien il était temps qu'un homme énergique arrivât pour rassurer les agents des mœurs qui n'étaient pas de bois et inspirer une sainte terreur aux misérables honnêtes femmes que leurs occupations forçaient à passer dans les rues après huit heures du soir.

Heureusement cet homme vint. C'était moi.

Je ne puis négliger de signaler une autre grosse boulette qu'avait commise mon prédécesseur, M. Albert Gigot, dont la douceur, aussi bien que le nom, rappelait décidément le mouton d'une façon tout à fait désolante.

Ému des attaques de *la Lanterne*, M. Albert Gigot ne s'était-il pas avisé de traduire cette feuille en justice !

« *Prendre un tribunal pour juge entre la pré-*

» *fecture de police et un journaliste, c'était à*
» *coup sûr le fait d'un honnête homme ; mais pas*
» *d'un chef de la police ayant le sentiment de*
» *son autorité.* »

Aussi arriva-t-il ce qui devait fatalement arriver. Le gérant de *la Lanterne* fut condamné, mais la préfecture de police y laissa d'innombrables plumes, les débats ayant fourni à beaucoup de témoins l'occasion de révéler publiquement et bruyamment des faits scandaleux qu'il eût mieux valu, à tout prix, laisser ignorer. Ah ! ce n'est pas moi qui me serais mis dans cette position d'épluché.

Un préfet de police vraiment digne de ce nom eût trouvé mille moyens de terrasser un journal qui l'attaquait. Ces moyens, je ne les indique pas ici, parce que je ne veux pas vendre la mèche, n'étant pas assez sûr de ne pas redevenir préfet de police un jour.

Mais tout le monde sait qu'un homme résolu placé à la tête d'une institution interlope, qui a à rendre tant de services secrets et si peu de comptes publics, peut à chaque instant de la journée, — voire de la nuit — déblayer sans risques la circulation d'un ou de plusieurs journalistes assez effrontés pour lui tenir tête.

Quant à s'exposer devant un tribunal régulier à se faire dire un tas de vérités qui vous déconsidèrent, il fallait être un... Gigot pour choisir ce moyen.

Mes lecteurs verront par la suite comment je m'y prends en pareille circonstance.

IV

Comment je m'y pris pour amadouer la presse et le conseil municipal.

Certes, en entrant en fonctions, mon objectif n'était pas de conquérir les bonnes grâces des deux « cerbères » qui avaient nom la presse et le conseil municipal ; ma préoccupation était simplement de les rouler tous les deux.

Voici comment j'opérai : Je commençai par

accueillir très gracieusement le principal rédacteur de *la Lanterne,* à qui je sus faire accroire
que, sous ma paternelle direction, la police
allait devenir la joie des honnêtes gens et la
tranquillité des républicains. Avec moi, plus
d'attaques nocturnes, plus de méprises d'agents
des mœurs, plus d'accidents de voiture, plus
de feux de cheminée !...

Le rédacteur de *la Lanterne* partit ravi.

Quant au conseil municipal, j'eus un trait
de génie. Je mis résolument M. Caubet, qui
était alors vice-président de ce conseil de
dogues, à la tête de la police municipale.

Les journaux conservateurs crièrent à la
démence, m'accusant de livrer Paris à une
nouvelle Commune. M. Waddington lui-même
s'inquiéta et me dit :

— Mais, mon cher... qu'est-ce que vous faites
donc ?... Il ne vous manque plus que de nommer Louise Michel dépositaire de tous les
pétroles du département de la Seine.

A quoi je répondis finement, — car je suis
très fin, sans que M. Baudry d'Asson en ait l'air :

— Laissez donc... « *le frottement des fonctions*
» *publiques polit et adoucit toujours les intransi-*
» *geances les plus rugueuses.* » Voyez... moi,
par exemple, sous l'empire, étais-je assez radical ! Pour un peu, j'aurais traité Delescluze de
vieux reculard !... Eh bien ! aussitôt que j'ai
été nommé député avec mandat de voter pour
l'amnistie plénière, j'ai voté contre. Partisan
de toutes les franchises municipales quand
j'étais de l'opposition, je considère aujourd'hui
l'Hôtel de Ville comme une maison suspecte.
Que demain je ne sois plus préfet de police, je
fonderai un journal dans lequel les opportunistes seront traités d'immondes goitreux ;
qu'après-demain je sois ministre, je ferai em-
paler Rochefort. Laissez-moi faire, mon cher
ministre, et croyez-moi : le meilleur moyen
d'empêcher les gens de crier, c'est de leur appuyer la figure en plein dans l'assiette au
beurre.

2.

V

Le cabinet du préfet. — Le n° 14207. Les dossiers de police

Je n'ai la prétention d'étonner personne en consignant le compliment neuf et original que me fit mon prédécesseur en me remettant les clefs de la caisse aux fonds secrets.

— En quittant la préfecture de police, me dit-il, j'ai une consolation, c'est que je la laisse entre vos mains.

— Pas mal et vous ? fut la seule réponse que je jugeai digne de ce madrigal étonnamment spirituel.

A peine installé, j'eus une surprise fort agréable. Le chef du cabinet m'apporta mon dossier : le dossier 14,207, car il paraît qu'il est d'usage de remettre son dossier à tout préfet qui entre en fonctions.

On aura jugé sans doute que ce devrait être une douceur pour l'homme jugé digne de veiller sur l'honneur de ses concitoyens de lire un tas de petits papiers dans lesquels le premier venu le traite de filou, de cocu ou d'actionnaire des Huîtrières du Morbihan.

Je jetai naturellement un coup d'œil sur mon dossier, et je constatai qu'en fait d'aménités de ce genre j'avais largement mon compte. On m'y reprochait, entre autres choses, de faire, sous des déguisements variés, de fréquentes et mystérieuses visites dans des... congrégations autorisées.

Je garde soigneusement dans ma bibliothèque privée cette gracieuse collection, que j'ai fait relier, — par un relieur qui ne sait pas lire, — mais je me suis demandé souvent depuis à quoi pouvait bien rimer cet usage de remettre son dossier à l'homme qui les a tous à sa disposition.

Ici, je crois devoir donner quelques détails sur le service des dossiers particuliers à la préfecture de police.

Tout le monde, — ou presque tout le monde, — a son dossier. Tout ce qui s'écrit, se dit ou s'imprime contre vous y est classé.

Ces dossiers sont divisés par couleurs. Il y a les bleus pour la politique, les jaunes pour... oh ! non, pas ça... pour les crimes, et les blancs pour les mœurs.

Inutile, n'est-ce pas ? de recommander à l'enthousiasme de mes lecteurs cette admirable institution, grâce à laquelle deux ou trois cents employés à 2,500 francs la pièce (total 750,000 francs par an) sont occupés à mettre soigneusement en rayon les calomnies les plus atroces, les dénonciations les plus lâches, les diffamations les plus absurbes, en un mot tout ce qu'il y a de plus sale et de plus immonde au monde, pour que cette *Poubelle* infecte vous soit vidée sous le nez à l'occasion, un jour que vous serez traduit en simple police pour avoir sorti votre chien sans muselière.

Quand on voit fonctionner si brillamment cette usine remarquable, où se mettent en paquets les immondices les plus écœurantes, on se demande vraiment pourquoi on emporte la nuit, dans de grands tonneaux, les vidanges de Paris, plutôt que de les mettre coquettement en bouteilles pour les placer sur des étagères.

VI

Les agents secrets.

Me voici arrivé à un chapitre sur lequel je compte beaucoup pour émoustiller la curiosité bien naturelle du public.

Il est bien évident qu'en lisant ce titre : Les *Agents secrets*, dans un feuilleton écrit par un ancien préfet de police, le lecteur va se passer la langue sur les lèvres, attendant de moi, comme c'est son droit, des révélations et des personnalités tapageuses.

En effet, quelle serait ma raison d'être à moi, ancien préfet de police, si je venais tout simplement raconter au lecteur, sous la rubrique alléchante : Les *Agents secrets*, un tas de choses banales qui ont traîné partout, comme ceci par exemple :

« *Les agents sont payés sur les fonds de la po-*
» *lice secrète.* »

« *Les agents secrets ont un métier, ou une appa-*
» *rence de métier, pour dissimuler l'origine de*
» *leur bien-être.* »

« *L'agent secret se recrute dans toutes les*
» *couches sociales : c'est votre cocher, votre valet*
» *de chambre, votre maîtresse, etc.* »

« *L'agent secret est payé en raison des ser-*
» *vices qu'il rend.* »

Il est bien évident, disais-je, que si moi, ancien préfet de police, je battais la caisse pour réunir autour de moi beaucoup de passants à qui je ne raconterais ensuite que ce qu'ils savent depuis longtemps, les passants me hue-raient, m'accuseraient de leur flibuster leurs deux sous et me feraient un bout de conduite que je n'aurais certes pas volé.

Aussi sais-je parfaitement qu'en ma qualité d'ancien préfet de police je dois à mes lecteurs, sur les *agents secrets*, des renseignements techniques, que personne autre que moi ne pourrait leur donner.

Qu'ils apprennent donc, en achevant la lecture de ce chapitre bourré de documents nouveaux sur les *agents secrets* :

1° Que les agents secrets sont des mouchards.

2° Qu'ils ne se font jamais annoncer sous ce titre dans les maisons où ils sont invités à dîner.

Je sais que je commets-là une grosse indiscrétion et que beaucoup de gens vont encore me reprocher de livrer à la publicité des renseignements que je tiens de mes fonctions publiques !... mais tant pis... l'amour de l'art m'a emballé !...

VII

Réorganisation de la police secrète.

En entrant à la préfecture, je trouvai un service spécial de police secrète organisé et dirigé exclusivement par l'officier de paix Lombard.

La brigade de M. Lombard était en même temps chargée des recherches politiques.

Cet agent tenait donc tout dans sa main, et était omnipotent. Cette omnipotence me déplut; je ne suis pas d'un caractère à supporter qu'un inférieur rende des services desquels son chef n'est pas seul à tirer toute la gloire et tout le profit.

D'ailleurs, j'avais un excellent prétexte pour me débarrasser de M. Lombard, en me faisant en même temps de cette exécution, une espèce de balai neuf et de popularité.

M. Lombard s'était assez fortement compromis dans l'affaire Rouvier, de scandaleuse mémoire. On se souvient que M. Rouvier, victime d'une regrettable erreur, avait été accusé d'un outrage à la pudeur. Or, M. Lombard avait mis un tel acharnement à poursuivre M. Rouvier qu'il était devenu légèrement odieux après l'acquittement de ce dernier.

Je supprimai l'emploi de M. Lombard et me privai de ses services.

J'obtins immédiatement le résultat que j'avais prévu et désiré. La presse avancée me fit une véritable ovation, croyant, comme une bonne bête, que j'avais supprimé la police politique.

Moi, dans mon coin, je riais comme un bossu de ces éloges. J'avais, il est vrai, retiré l'emploi à M. Lombard, mais pour me le donner à moi-même.

Personne, je l'espère, ne trouvera mauvais qu'un chef de service prenne personnellement pour lui la part de travaux qui convient le mieux à sa nature et à son tempérament. Or, quoi de plus séduisant, je vous le demande, pour un homme respectable et délicat, que ce contact intime de tous les instants avec tout ce que la basse moucharderie compte de plus distingué en fait d'hommes véreux et de femmes abjectes?

Être en rapports directs et journaliers avec de braves gens qui pour quinze francs trahiraient leur père, recevoir les confidences de charmantes femmes qui ont un phonographe dans leur sommier élastique et en revendent les empreintes le lendemain matin à la préfecture, donner soi-même des instructions aux gentilshommes des boulevards extérieurs qui émargent en même temps au double budget des femmes publiques et des fonds secrets!... quelles jouissances!... quelles délices!...

En faisant semblant de supprimer la police politique et en m'en adjugeant par le fait tous les agréments, j'obtins donc ce double avantage de me concilier la presse radicale, qui n'y vit que du feu, et de donner satisfaction à mes instincts et à mes goûts personnels, qui ont toujours été d'une grande élévation.

VIII

La réception du personnel.

Je passerai rapidement sur cette cérémonie, qui ressembla à toutes les autres du même genre. On sait ce que c'est que ces réceptions par un nouveau chef, que l'ancien personnel considère de confiance comme le dernier des idiots, pendant que le nouveau chef se dit à part lui, en regardant l'ancien personnel :

— Quel ramassis de vieux gâteux!...

Cependant, je fus poli avec mes nouveaux subordonnés. Poli, oui; mais ferme et même un peu sec. Je connais les hommes en général et ceux qui émargent au budget en particulier. Je sais qu'il n'y a à compter sur la sympathie et le dévouement de ceux-ci que dans la proportion des bienfaits dont on les inonde ou de la crainte qu'on leur inspire.

Comme je n'avais pas d'argent à leur donner, je m'en tirai en leur faisant les gros yeux. Je déclarai, dans mon allocution, que j'entendais établir dans mon personnel une discipline des plus sévères. Et quand je vis que j'avais suffisamment jeté l'épouvante dans cette phalange héroïque de ronds de cuir, je les rassurai par cette phrase, qui leur fit revenir un peu de rose sur les joues :

« Dans mon personnel, messieurs, je ne tolère la religion du passé qu'à une condition : c'est qu'elle n'ait pas de culte extérieur. »

Depuis, j'ai souvent relu cette formule qui a jailli de mon âme d'élite, et plus je la relis, plus je trouve que c'est un chef-d'œuvre. Que l'on veuille bien se souvenir qu'à cette époque le service confié à ma haute intelligence — ainsi d'ailleurs que tous les autres services publics — était peuplé de bonapartistes, et l'on reconnaîtra sans peine que c'était un véritable trait de génie que de venir dire à ces gens qu'ils n'avaient rien à craindre pour leurs appointements tant qu'ils ne crieraient pas :

« Vive l'empereur!... » pendant les heures de bureau.

La « *religion du passé était tolérée* », cela réservait tout.

J'ajoutai même, en clignant de l'œil, cette phrase qui fait toujours bien sur les dévouements au mois :

« *Je ferai d'ailleurs en sorte que vous n'ayez pas à regretter le passé.* »

Tous ces polichinelles s'en allèrent enchantés et pleins de confiance se rasseoir à leurs bureaux respectifs, en pastichant entre leurs dents cette phrase célèbre, que tous nos grands hommes politiques ont tour à tour ajustée à la mesure de leurs infirmités :

« La République sera la République des gratifications ou elle ne sera pas. »

J'avais donc apprivoisé les fauves ; je pouvais commencer à travailler tranquillement.

IX

M. Gambetta sur une fausse piste.
Les tableaux de M. Bowes.

Je ne serais pas l'homme politique complet que je suis si je ne possédais au plus haut degré ce sentiment peu encombrant que l'on a nommé l'indépendance du cœur.

Accablé de bienfaits par M. Gambetta, à qui je dois tout, je serais le dernier des... hommes reconnaissants si je ne consacrais au moins un chapitre de ces étonnants mémoires à jardiner *celle* de l'homme illustre qui m'a fait ce que je suis.

De tout ce que Gambetta a fait pour moi, j'aurai la grandeur d'âme de ne me souvenir que d'une chose : c'est qu'un jour il m'a gêné.

« Je ne tardai pas à rencontrer en lui une de ces immixtions étrangères que je déclare ne pas vouloir souffrir. »

M. Gambetta exerçait alors, comme on le sait, une autorité occulte à laquelle personne ne résistait. Tous les fonctionnnaires connaissaient sa puissance et tous le flattaient.

Ils n'obéissaient qu'à M. Gambetta, ne juraient que par M. Gambetta, n'avaient souci de plaire qu'à M. Gambetta.

On leur parlait de M. Grévy, ils répondaient : « Qu'est-ce que c'est que ça? » On leur parlait de la Chambre. — « Connais pas !... » On leur parlait des ministres; ils avaient l'air de tomber de la lune.

Mais, dès que l'on prononçait devant eux le nom de Gambetta, ils faisaient le signe de la croix et se roulaient sur les paillassons. — Ce que ça m'agaçait !...

A la rigueur, j'aurais encore pu admettre que Gambetta s'occupât des affaires de tout le monde excepté des miennes. Mais est-ce qu'il ne s'avisa pas un jour de donner directement des instructions à un de mes subordonnés, un certain Chassagne, ancien commis voyageur, qu'il avait fait nommer commissaire de police à Neuilly.

Il s'agissait, si je me souviens bien, de quelques tableaux, appartenant au musée du Louvre, et que l'on prétendait avoir été détournés et vendus en 1867 et 1870 par d'anciens fonctionnaires de l'empire. On avait dit à M. Gambetta qu'il trouverait ces tableaux chez M. Bowes, ancien membre de la Chambre des communes, qui possédait plusieurs importantes galeries à Paris, rue de Berlin, rue Blomet et rue Mansard. Et M. Gambetta avait pris sur lui de diriger les recherches.

Cela ne pouvait me convenir. J'avais déjà assez de mal à ne pas trouver Walder, ce qui me faisait blaguer par les journaux, pour m'exposer par-dessus le marché à voir trois tableaux volés et retrouvés par un autre.

J'allai voir Gambetta et je lui exposai qu'il me livrait au ridicule en venant faire cuire sa cuisine chez moi dans mes casseroles. Il en convint de bonne grâce, et la recherche des tableaux fut continuée sous ma direction.

Ce qui explique d'ailleurs qu'ils ne furent jamais retrouvés, ni chez M. Bowes, ni ailleurs.

Mais j'avoue que j'aimai autant qu'ils fussent tout à fait perdus que d'avoir été retrouvés par Gambetta, ce qui m'eût certainement attiré de la part de la presse malintentionnée une série interminable de quolibets.

J'eus donc, à défaut de la satisfaction de retrouver les tableaux du Louvre, celle de voir Gambetta ne pas les retrouver non plus. Et, s'il faut dire le fond de ma pensée, j'avouerai que, si j'avais su où étaient ces tableaux, j'aurais certainement facilité leur évasion, plutôt que de les exposer à être découverts par un ambitieux dont ce n'était pas le métier.

X

Mes débuts au conseil municipal.

Le lendemain de mon installation à la préfecture de police, je dus me rendre au conseil municipal, qui siégeait alors au Luxembourg.

Si je m'étais écouté, je l'aurais fait venir chez moi, ce qui eût été plus en rapport avec l'opinion que j'avais de cette corporation de tanneurs et de droguistes, comparée à mon auguste personne ; mais je jugeai adroit de faire cette première concession sans importance.

Ces mufles, je dois l'avouer, me reçurent d'ailleurs, avec une certaine tenue. Il y avait un peu de tout dans cette réunion d'aimables croquants : des avocats, des fabricants d'appareils à gaz, des peintres, des zingueurs, des médecins, des fumistes.

Il y avait jusqu'à un spirite : M. Henricy, qui me faisait crever de rire avec sa foi en la métempsycose. Ce brave homme prétendait que nous nous transformions tous après notre mort. Ainsi, pour lui-même, il croyait se rappeler que, du temps de Chilpéric, il avait été rat dans la cave d'un marchand de vin de Saint-Denis.

Je m'amusai un jour à dérouter complètement ce philosophe, en lui exposant que je croyais à un système de transformation beaucoup plus rapide que le sien, et je lui donnai comme preuve que moi, sans mourir, je m'étais déjà transformé au moins quinze fois. Il osait en douter, le malheureux!... mais quand je lui eus mis le nez dans les actes successifs de ma vie politique, il fut terrifié !

Ma première entrevue avec le conseil municipal ne fut pas hostile. J'avais pris pour la circonstance un petit air bon enfant qui fit un assez agréable effet. Et puis, le choix que j'avais fait de M. Caubet, vice-président du conseil municipal, en qualité de chef de service chez moi, m'avait attiré les sympathies relatives d'une partie de ces crève-la-faim, qui s'imaginaient tous, sans doute, que j'allais leur offrir des sinécures à trente mille francs d'appointements.

M. Castagnary, qui présidait le conseil, me souhaita la bienvenue en termes très flatteurs :

« *Ce cher préfet d'pol'Bombardos!* »

Je lui répliquai en termes non moins élogieux :

« *Ce cher président Pataquès!* »

Et nous nous quittâmes les meilleurs amis
du monde. Pourquoi faut-il qu'un si touchant
accord ait été de si courte durée? Mes lecteurs
ne verront que trop tôt, hélas! combien sont
fragiles sur notre misérable terre ces amours
charmantes entre gens qui se mettent au lit
chacun avec l'intention bien arrêtée de tirer à
lui toute la couverture.

XI

Devant mes électeurs.

Comme on l'a vu dans les chapitres précédents, j'avais roulé le conseil municipal, il me
restait à rouler mes électeurs. Ça ne fit pas un
pli.

Ma nomination au poste de préfet de police
entraînait ma démission de député. Je la donnai; mais je posai de nouveau ma candidature
et je me présentai effrontément devant mes

électeurs, dont quelques-uns commencèrent à crier comme des enragés après moi, en m'accusant d'avoir trahi mon mandat impératif.

On sait qu'en effet, après m'être présenté comme tout ce qu'il y a de plus radical, j'avais ensuite voté à la Chambre contre l'amnistie plénière.

Je ne perdis pas la carte, et je répondis avec un toupet d'enfer :

— Citoyens!... oui... j'ai accepté de vous un mandat impératif, je ne le nie pas!... Mais nous avons l'air de ne pas nous comprendre sur la vraie signification de ce mot. Qu'entendez-vous donc, vous, par « *mandat impératif?* » Pour moi, cela n'a jamais fait un doute; j'entends par « *mandat impératif* » : mandat auquel doivent obéir les électeurs. Sans cela, où serait le plaisir pour les élus?... Consultez les meilleurs auteurs, ils vous diront que la contexture même du mot indique clairement son sens : « *mandat impératif,* » c'est-à-dire mandat donné à un homme d'être impérieux. C'est absolument comme lorsqu'un charlatan s'engage à vous extirper une dent sans douleur; cela veut évidemment dire qu'en vous l'arrachant il ne souffrira pas.

L'effet produit par cette explication lumineuse fut irrésistible. Mes électeurs restèrent là la bouche ouverte comme des gens qui voient disparaître une muscade des doigts d'un escamoteur, et, avant qu'ils eussent eu le temps de se remettre, ils m'avaient rendu mon siège de député.

On me dit que depuis ils ont repris leurs sens, qu'ils ont consulté leur Littré et qu'aux prochaines élections qui se préparent j'aurai un peu plus de mal à les enfoncer. Nous verrons bien. J'ai la plus grande confiance en moi, et, tant que je verrai mes concitoyens croire à l'efficacité des eaux qui font repousser les cheveux, je n'apercevrai aucune limite à ce qu'un homme comme moi peut attendre de leur candeur.

XII

La « Lanterne » reprend les hostilités.

Hélas!... comme je l'ai fait entrevoir dans les chapitres précédents, les baisers Lamourette que j'avais échangés avec une certaine presse ne devaient pas tarder à se transformer en terribles crêpages de chignons.

La *Lanterne* recommença contre moi la guerre qu'elle avait faite à mon prédécesseur ; mais je ne suis point un... Gigot, moi. Je piquai droit au monstre.

Le directeur de la *Lanterne* m'ayant demandé un coupe-file pour les besoins du service de son journal, je le lui refusai net.

Pour l'intelligence de mes lecteurs, je leur dirai ce que c'est qu'un coupe-file. C'est une carte de la préfecture au moyen de laquelle la voiture du titulaire de cette carte peut, quel que soit l'encombrement, passer avant les autres. Il avait été admis jusqu'ici que les journaux d'informations, ayant besoin de renseigner sans retard le public, étaient admis à jouir de ce privilège.

Je décidai, moi, que la *Lanterne* pouvait se fouiller.

Le lendemain, la *Lanterne* — fumant de colère — porta ce fait à la connaissance de ses lecteurs, et la guerre fut déclarée.

Je ripostai par un communiqué solide, que j'adressai à la *Lanterne*.

Ce communiqué, je ne crains pas de le dire, était une merveille d'arrogance, et je fus obligé de me tenir à quatre pour ne pas le signer : GESSLER.

Pour expliquer mon refus du coupe-file, je donnai, entre autres bonnes raisons qui ne valaient rien du tout, la suivante, qui était très mauvaise, mais qui peignait exactement l'état de mon âme de préfet de police grincheux et autoritaire :

« *Le préfet ne peut supprimer les cartes de* » *stationnement ; mais il a décidé que désormais* » *aucune nouvelle carte ne serait délivrée,* SAUF » A APPORTER A CETTE RÈGLE TELLES EXCEP- « TIONS DONT IL EST JUGE. »

Bien que modeste de ma nature, j'ai la prétention de croire que depuis l'état de siège jamais document émanant d'un fonctionnaire public n'avait arboré avec autant de crânerie l'étendard du bon vouloir.

Quand j'eus trouvé cette formule, digne des temps antiques, — mais qui n'en va pas pour cela moins bien aux temps modernes, car ce qui est vraiment beau ne vieillit pas, j'eus, je l'avoue, un éclair d'orgueil, mitigé d'un mouvement de regret, car je pensais qu'avec de tels principes, né vingt ans plus tôt, j'eusse dégoté Piétri.

Quoi qu'il en soit, si mon énergique commu-

4.

niqué à la *Lanterne* eut pour effet de déchaîner contre moi toute la franc-maçonnerie des organes radicaux, il me rendit comme compensation la confiance de tout mon personnel qui, me voyant reprendre les saines traditions d'un auguste régime qu'il n'avait cessé de pleurer tout en émargeant au budget d'un autre, se disait en se frottant les mains :

— Sapristi !... A la bonne heure !... Ça nous rajeunit de vingt ans !

XIII

Les attaques nocturnes. — La magistrature libérale. — La sécurité de la voie publique. — Les récidivistes.

Depuis longtemps la presse intransigeante avait fatigué le public avec le rabâchage des complots truqués par M. Macé et des excitations des officiers de paix. Tout cet arsenal étant épuisé, les journaux cherchèrent quelle nouvelle scie ils allaient bien pouvoir me monter.

Ils ne tardèrent pas à en trouver plusieurs, et, à partir de ce moment, il ne se passa pas de jour que la *Lanterne* ne servît à ses abonnés, en guise de prime gratuite et obligatoire, trois ou quatre attaques nocturnes, deux arrestations arbitraires et un grand crime resté impuni.

Cela fait toujours bien pour un journal d'accuser un préfet de police d'avoir des gardiens de la paix qui ne gardent rien du tout, de faire arrêter les braves gens qui n'ont rien fait de mal et de laisser échapper tous les assassins qui ont fait bouillir des pharmaciens dans de grands chaudrons.

La *Lanterne* et consorts en usèrent largement.

Je m'expliquerai donc sur ces trois principales accusations.

Voyons d'abord les arrestations d'honnêtes gens et les criminels introuvables. Ces deux griefs sont bêtes comme chou, puisqu'ils se détruisent logiquement l'un par l'autre. Et ce n'est pas difficile à établir.

Oui!... Je faisais arrêter les honnêtes gens. Êtes-vous content?

Non!... Je n'arrêtais aucun criminel. Vous voyez que je ne marchande pas.

Mais comment voudrait-on que mes agents, occupés à emprisonner les honnêtes gens, eussent pu trouver le temps d'arrêter les criminels? Réfutez cela si vous pouvez.

Maintenant, pourquoi aurais-je fait arrêter les criminels, puisque je n'avais plus de place pour les enfermer dans les prisons, qui étaient bondées d'honnêtes gens? Qu'est-ce que vous avez à répondre à ça?

Il fallait vraiment, on en conviendra, toute la mauvaise foi d'une mauvaise presse pour se faire une arme de griefs ridicules qui tombaient d'eux-mêmes.

Examinons maintenant les soi-disant attaques nocturnes que, — prétendait-on, — je ne savais pas réprimer. Je n'aurai pas grand'-

peine non plus à démontrer que c'était idiot.

- Attaques nocturnes!..... c'est bientôt dit; mais, s'il est facile à des journalistes ou à des particuliers de les dénoncer, il est heureusement encore plus facile à un préfet de police qui a de l'aplomb de les nier.

La prétendue attaque nocturne, disons-le bien haut, « *fournit d'utiles prétextes à bien des gens* », qui savent en jouer.

« *C'est un jeune homme qui a perdu au jeu ou dépensé l'argent à lui confié,* », et qui raconte en rentrant chez lui qu'il a été attaqué et dévalisé.

« *C'est un mari qui a l'imprudence de n'être pas d'un cercle et qui explique par un guet-apens sa rentrée tardive* ».

« *C'est un soldat qui a vendu pour boire ses bottes et son képi.* » et qui invente une attaque à main armée pour échapper au conseil de guerre.

Je pourrais multiplier à l'infini ces exemples, si je ne craignais de me faire répondre à mon

tour par mes lecteurs qu'un préfet de police
peut tout aussi bien inventer de mauvaises dé-
faites pour dissimuler son incurie qu'un particulier peut imaginer de fausses attaques nocturnes pour masquer ses escapades.

Je n'en persiste pas moins à soutenir que les
trois quarts et demi du temps, quand un monsieur est rapporté chez lui sur un brancard
avec un œil à la coque et trois côtes défoncées,
c'est un vulgaire farceur qui s'est mis lui-
même dans cet état-là, pour ne pas être obligé
d'avouer qu'il a laissé son argent dans l'arrière-
boutique d'une parfumeuse.

Je dirai même plus : c'est qu'un préfet de police dans l'embarras peut soutenir, — et je ne
m'en prive pas, — que ce procédé canaille, inventé pour les simples attaques nocturnes, est
employé également pour les prétendus grands
crimes.

Ainsi, pendant mon administration j'ai
constaté que tous les individus qui avaient
été trouvés chez eux coupés en plusieurs morceaux répartis dans les tiroirs de commode,
sous les lits ou dans les fosses d'aisance,

étaient tout simplement des commerçants gênés dans leurs affaires qui s'étaient arrangés comme ça pour échapper à la faillite.

Eh bien ! les journalistes malintentionnés n'en ont pas moins fait un boucan infernal, en m'accusant de ne jamais mettre la main sur aucun des malfaiteurs qui n'existaient en réalité que dans leur imagination dépravée.

Néanmoins, je n'essayerai pas de prétendre qu'à cette époque la sécurité des rues fut absolue. Je le prétendrais bien tout de même, si je l'osais et ne craignais qu'on ne me rît au nez ; mais je préfère avouer un tout petit bout de la chose pour sauver le reste.

Je conviens donc de bonne grâce que la circulation dans Paris n'était pas très sûre à partir de deux heures du soir jusqu'au lendemain à midi. Les passants étaient souvent attaqués, maltraités et dévalisés, et ne voyaient jamais arriver un agent de police à leur secours s'ils avaient l'imprudence de crier : Au secours !,.. à l'assassin !...

Le seul moyen de les faire accourir sur le lieu du guet-apens était de beugler de toutes ses forces : *Vive la Commune !.....* Tout le monde le savait ; mais, dans ces moments-là, on ne pense pas à tout.

On voit que je ne lésine pas avec les aveux ; mais, comme il y a toujours moyen de s'en tirer, je n'hésiterai pas à déclarer que cette re-crudence des attaques diurnes et nocturnes était due précisément aux journalistes qui me la reprochaient. C'est bien simple à prouver.

A force d'entendre les mauvais journaux crier contre les agents de police qui avaient dé-gainé contre des passants coupables de leur avoir demandé leur chemin pour aller rue d'Aboukir, les gardiens de la paix finissaient par se dire, lorsqu'ils voyaient assommer un passant :

— Zut !... qu'il se débrouille !... La *Lanterne* dirait encore demain matin que j'ai brutalisé un pauvre assassin sans ouvrage.

Delà le découragement des bons agents, qui, voyant que les mauvais ne pouvaient faire une saleté sans qu'on la signalât lâchement à l'opinion publique, avaient pris le parti de fumer tranquillement leur pipe la nuit dans les en-

coignures des portes cochères et laissaient as-
sassiner les passants, dans la crainte d'être
accusés de brutalité.

On voit donc très clairement que les journalistes étaient en réalité les seuls responsables
de ces attaques nocturnes avec lesquelles ils
faisaient tant de bruit.

Il est évident que si, au lieu de pousser les
hauts cris chaque fois qu'un gardien de la paix
avait fracassé la mâchoire d'un citoyen inoffensif, ils n'avaient pas soufflé mot de l'incident,
ils n'auraient pas dégoûté les agents de faire
leur devoir dans les autres cas. On me dira
peut-être à cela que le nombre des victimes
eût été le même de toute façon, attendu que
les agents brutaux, encouragés par le silence
de la presse, n'eussent pas manqué d'assommer des citoyens paisibles en quantité suffi-
sante pour compenser et au delà ceux qu'ils
auraient protégés contre les alphonses.

Mais je réponds à mon tour qu'il y aurait
toujours eu avantage au point de vue du bon
ordre social, car il est beaucoup plus régulier
pour un contribuable d'être défoncé par un

agent spécial, qu'il paye pour cela, que par un infect souteneur, espèce d'individualité sans mandat.

Il faut que je le dise aussi : je rencontrais dans mon service une autre résistance, bien autrement dangereuse encore que celle de la mauvaise presse. Je veux parler du parquet de Paris, qui, par jalousie de mes talents sans doute, affectait de se faire une sorte de renom de libéralisme en relaxant, sans poursuites, soixante pour cent des vagabonds que je lui ramassais sur la voix publique.

Cette façon cavalière de me laisser pour compte régulièrement une importante partie de mon travail était humiliante pour moi. Le parquet ne pouvait pas me dire plus clairement :

— Pour faire le malin, vous m'envoyez tous les jours cinquante malfaiteurs dont trente-cinq qui n'ont rien fait de mal, ne sont que du remplissage.

Je me plaignis au ministre de l'Intérieur de l'affront qui m'était fait par les tribunaux, et, comme je n'aime pas qu'on m'embête, je lui déclarai que je saurais bien trouver dans les vieux arrêtés, — fussent-ils du temps de Philippe le Bel, — quelque bon document juridique qui me permettrait de mettre un frein à l'inqualifiable mansuétude des juges.

De plus, je constatai que les tribunaux correctionnels affectaient de condamner avec une excessive douceur les clients que je leur amenais. Il y avait véritablement comme un parti pris de me faire passer pour un préfet de police d'opérette.

Je feuilletai donc le recueil de tous les arrêtés en question, bien décidé d'ailleurs, si je n'en trouvais pas à ma convenance, à m'en fabriquer un moi-même. Ce fut d'ailleurs ce qui arriva.

Je trouvai bien une loi impériale du 9 juillet 1852 qui avait presque l'air de me permettre de prendre sans contrôle, des arrêtés d'éloignement contre tout individu qui me déplairait. C'était déjà quelque chose, Mais cela ne me suffisait pas.

Pour un homme comme moi, se servir

d'une loi louche ne vaudra jamais d'en violer carrément une très claire.

Vous allez voir si je m'y entends.

Aux termes de la loi, toute personne qui n'a ni domicile ni moyens d'existence est réputée en état de vagabondage et peut être poursuivie pour ce délit. Les termes de cette loi étant excessivement clairs, — ce qui n'arrive pas souvent à ce genre de littérature, — je devais donc renoncer à tirer dessus pour les faire prêter comme un morceau de caoutchouc.

Je n'essayai même pas; je fis mieux : je décidai, de mon autorité privée, que le fait de demeurer en *garni* « *ne constituait pas celui d'avoir un domicile.* »

Cela me donnait déjà une très grande facilité, en créant, rien que pour Paris, une nouvelle couche de vagabonds dont le nombre pouvait, d'après le recensement fait dans les hôtels meublés, s'élever à 150,000 au bas mot, ce qui me permettait de n'avoir plus qu'à me baisser pour en prendre.

La loi avait, en effet, commis une bien grossière erreur en mettant hors des atteintes de la police une foule d'individus nomades logés dans des maisons dont ni les moellons ni les meubles ne leur appartenaient, et qui ne pouvaient seulement pas justifier que leurs punaises fussent bien à eux.

Je décidai également — à moi tout seul, et c'était assez! — que le « *commerce de soi-même ne constituait pas non plus un moyen d'existence.*»

Plusieurs casuistes essayèrent de me démontrer que j'étais bien hardi de prétendre, contre la loi même et surtout contre le bon sens, que le commerce de soi-même devait être assimilé à une escroquerie. Ces chicaniers prétendaient qu'il n'y a pas beaucoup de moyens d'existence dépassant en correction et en probité commerciale celui qui consiste à vendre à prix débattu une chose qui vous appartient indiscutablement. Or, — me disaient-ils, — est-il sur terre propriété moins contestable que celle de son corps?... Que le trafic en soit honteux pour celui ou celle qui vend, qu'il soit de même vil et ordurier pour celui ou celle qui achète, ce n'est pas la question.

5.

Mais vous n'avez pas le droit de qualifier de **vol**
un marché, aussi sale qu'il soit, consenti par
es deux parties.

L'argument était bon, — j'en conviens, parce
qu'au fond je ne suis pas une cruche ; — mais
comme c'était précisément d'un mauvais que
j'avais besoin, je passai outre.

Je me trouvai donc armé pour combattre le
mauvais vouloir de la magistrature, qui me re-
toquait systématiquement les trois quarts de
mes *vagabonds* : 1º d'un arrêté de Napoléon III
qui m'autorisait à expulser sans jugement les
citoyens compris dans de certaines catégories :
2º du pouvoir que je m'octroyais de choisir
moi-même des catégories au fur et à mesure
de mes besoins, fussent-ils personnels.

Je le demande à tous les honnêtes gens de
mauvaise foi, est-il au monde une législation
plus commode et qui gêne moins les coudes
du législateur que celle que j'avais imaginée,
sans l'autorisation de mon ministre, bien entendu. Pauvre supérieur, je lui en ai fait voir
de grises. Mais n'anticipons pas sur les événements.

Pouvoir sans aucune formalité, sans aucun jugement, cueillir un homme qui passe tranquillement sur le boulevard, n'avoir rien à lui reprocher que de coucher dans les draps du Grand-Hôtel et le faire reconduire à la frontière, parce que la couleur de sa cravate vous a déplu, a-t-on jamais, dans aucun pays civilisé, conçu une organisation à la fois plus simple et plus grandiose?...

Aussi, ce que je me suis tordu de rire quand j'ai entendu parler de cette fameuse loi sur les récidivistes actuellement en confection, je renonce à le dire.

Imagine-t-on rien de plus comique que cette candeur de vieux législateurs naïfs et tendres qui s'imaginent qu'une loi aussi juste et aussi honnête qu'elle soit, élaborée par de braves gens choisis par tout le monde, pourra jamais rendre des services comparables au bon vouloir d'un monsieur à poigne qui peut, au gré de son caprice, sans contrôle et sans responsabilité, ne prenant conseil que de sa migraine ou de sa constipation, disposer de la vie et de la liberté de deux millions d'individus?...

Ah ! je les attends, l'âme sereine, aux résultats de leur loi sur les récidivistes, ces braves législateurs !... Ils veulent placer loyalement la liberté des citoyens sous la sauvegarde de lois qui ne laissent plus rien à l'arbitraire. Ils m'en diront des nouvelles !...

Pour moi, je le déclare, on m'offrirait un milliard par an pour reprendre la préfecture de police dans de pareilles conditions que j'aimerais mieux être ambassadeur en Espagne toute ma vie.

XIV

Mademoiselle Lucie Bernage.

En a-t-on fait un potin avec cette sotte affaire, pour laquelle il n'y avait seulement pas de quoi fouetter une crème !... Je vais recopier ça avec les faits divers des journaux de l'époque ; ça allongera mes mémoires.

Que l'on en juge : le 26 juin 1879, — ce sont les journaux malveillants qui parlent, — une demoiselle passait seule — modeste — sur la place du Château-d'Eau. Un individu s'approche d'elle et, comme il pleuvait, il lui dit galamment, sur un rythme qui ne devait être connu que six ans plus tard, mais que sa nature fine et impressionnable lui avait fait pressentir :

> — *Mad'moiselle... écoutez-moi donc,*
> *V'nez sous mon riflard de quat' soixant'quinze.*
> *Mad'moiselle... écoutez-moi donc,*
> *Vous allez mouiller vos petits petons.*

La jeune artiste — car c'était une artiste dramatique du douzième Théâtre-Français qui se rendait à sa répétition — répond chastement à l'intrus :

> — *Non, monsieur, je n'vous écoute pas...*
> *Si vous insistez, j'vous allonge un'gifle !...*
> *Non, monsieur, je n'vous écoute pas,*
> *Si j'me mouill' les pieds, j'f'rai sécher mes bas.*

Malgré cette réplique cornélienne, le Cid à casquette à pont insiste... en y mettant les mains; la gifle promise est allongée. Alors le monsieur, changeant de ton, prend Chimène par le bras en la traitant de « sale roulure » et la fait arrêter par un gardien de la paix, à qui il montre une carte.

Délivrée par un monsieur décoré (comme moi!) qui la reconnaît, et qui se fait également reconnaître par le gentilhomme de haute marée et le gardien de la paix, mademoiselle Bernage peut rentrer chez elle après avoir essuyé les sourires quelque peu caustiques de cent cinquante passants ameutés par cet incident.

J'ai reproduit le récit des journaux mal intentionnés; maintenant, j'ajoute ceci :

La chose en serait certainement restée là si mademoiselle Bernage, agissant en femme de sens, n'eût rien dit et se fût déclarée satisfaite d'avoir été publiquement outragée par un grossier personnage, et brutalisée par un agent de la police, dont le devoir était au contraire de la défendre.

Mais, au lieu de cela, mademoiselle Bernage n'avait eu rien de plus chaud que d'aller colporter la chose dans les bureaux de rédaction. C'était là une provocation effrontée, qu'il m'était impossible de ne pas relever dans l'intérêt de l'estimable corporation des agents des mœurs, que j'avais l'honneur de diriger personnellement. On se rappelle ma prise de possession du service.

Je répliquai par un communiqué à la presse, dans lequel je démentis purement et simplement le récit de la scène en question reproduit par les journaux.

De son côté, par une lettre publique, mademoiselle Bernage démentit mon démenti, et cela durerait encore si je n'avais coupé court à cette partie de raquette en déférant la *Lanterne* aux tribunaux pour publication de fausses nouvelles, calomnie et outrage à mes agents.

J'aurai l'occasion prochaine d'entretenir plus longuement mes lecteurs de cette affaire Bernage. Pour le moment, je me contenterai de consigner dans ce chapitre que l'héroïne de cette aventure « *crut devoir ajouter son adresse au bas de la lettre adressée par elle aux jour-*

naux » auxquels elle portait ses douces plaintes.

Si mademoiselle Lucie Bernage n'avait pas ajouté cette adresse, je n'aurais pas hésité un seul instant à dire dans ces mémoires que le témoignage d'un témoin qui n'ose même pas dire où il loge ne doit être que d'une très mince valeur, — sinon tout à fait apocryphe.

Mais mademoiselle Lucie Bernage ayant eu le courage de dire carrément qu'elle demeurait 14, rue de Douai, je croirais manquer à tous mes devoirs de galant homme en n'interprétant pas ici cette franchise de la façon suivante :

« *Mademoiselle Bernage avait cru devoir ajou-*
» *ter à son nom son adresse, sans doute pour don-*
» *ner à son témoignage une plus grande autorité.*
» LA PAUVRETTE NE SAVAIT PAS COM-
» BIEN LE MONDE EST MÉCHANT. »

Ce petit trait de la fin me paraît tout à fait distingué. C'était d'ailleurs bien le moins que je pusse faire pour soutenir l'honneur de la corporation des « Morin » que j'ai eus pendant deux ans sous mes ordres particuliers, de décocher en passant cette allusion fine et de bon goût à une honnête femme qui avait été leur victime.

XV

L'embauchage des agents.

Je n'insisterai jamais assez « *pour expli-* » *quer les mesures exceptionnelles que j'allais* » *bientôt prendre* » sur les manœuvres ténébreuses auxquelles *ma* préfecture était en butte.

Non contente d'exciter le public contre moi en me représentant comme un être insociable, la mauvaise presse s'efforçait de me détourner mes agents, et j'acquis bientôt la preuve que j'étais surveillé par mes propres employés.

A qui se fier, grands dieux !... si l'on ne

peut même plus compter sur l'honneur des mouchards ?...

On se vantait tous les matins, d'un air goguenard, d'avoir organisé une contre-police à l'aide de la collaboration de mes subordonnés. Et ce n'était pas le moins du monde une hâblerie ; le fait était exact ; j'avais positivement sous mes ordres — et sans pouvoir parvenir à les connaître — des agents qui allaient vendre le soir, dans des bureaux de journaux, les recettes secrètes au moyen desquelles je fricotais ma cuisine préfectorale.

Me méfiant de tous les subalternes, j'en étais arrivé à les faire surveiller les uns par les autres, ce qui entravait singulièrement le service quand il y avait un vrai criminel de droit commun à découvrir.

Un jour, un fait de ce genre se présenta. On venait de trouver un apothicaire de la place Beauvau assassiné dans sa boutique avec sa bonne. L'assassin n'avait pas été pris, et je venais de recevoir la nouvelle de cet horrible crime.

Désireux de faire taire les médisants qui

prétendaient que je n'étais seulement pas capable de trouver un valet de carreau dans un quarante de besigue, je voulais frapper un grand coup en découvrant enfin un vrai criminel. Je sonnai le garçon de bureau.

— Prévenez le chef de la sûreté que je l'attends, lui dis-je.

— M. le chef de la sûreté est sorti, me répondit le garçon de bureau.

— Alors, allez me chercher le sous-chef.

— M. le sous-chef est sorti derrière son chef, qu'il est en train de *filer*.

— Très bien... amenez-moi le premier commis.

— M. le premier commis est sorti presque aussitôt que son sous-chef, qu'il *file* également.

Je demandai ainsi tour à tour le second, le troisième, le quatrième commis, puis tous les commis, puis les expéditionnaires, puis les surnuméraires. Je passai en revue tous les services. Partout la même réponse !... Toujours le dernier employé que je demandais venait de sortir pour *filer* l'avant-dernier.

A la 508e épreuve, le garçon de bureau rentra et me dit :

— Il ne restait plus qu'un seul commis : M. Berniquot, aux archives ; mais il sort à l'instant pour filer son collègue Lambourdin, qui vient de partir.

— C'est bien, dis-je un peu énervé, allez me chercher une voiture...

— M. le préfet m'excusera, mais cela m'est impossible... il faut que je parte à l'instant pour *filer* M. Berniquot.

Et mon garçon de bureau partit comme un trait. Il n'y avait plus un chat dans la préfecture.

Je pris mon chapeau et me précipitai à la suite de mon garçon de bureau pour le *filer* à mon tour. A peine avais-je franchi le seuil que j'entendis des pas pressés derrière moi. Je me retournai ; c'était le concierge de la préfecture qui fermait au galop sa grille à double tour, fourrait la clef dans sa poche et se mettait à me *filer*.

Alors, à quarante pas plus loin, je vis le chef de la sûreté sortir d'un kiosque à 5 centimes où il s'était caché et *filait* le concierge, *filé* lui-même par son sous-chef, que *filait* le premier commis, *filé* à son tour par le second commis, derrière lequel, se *filant* les uns les autres de quarante en quarante mètres, venaient mes 508 employés.

Cela faisait un monôme de 20,000 mètres de longueur. Nous nous enroulâmes ainsi dans Paris, comme un ruban sans fin, pendant plus de trois heures. Seule, l'heure du dîner rompit les anneaux de cette chaîne; mais de ce jour je compris que c'était une bien belle chose que la confiance entre gens attelés à la même tâche.

Tout cela n'eût encore rien été. Le plus terrible de l'affaire c'est que j'étais trahi par mes employés, non seulement au profit des journaux hostiles, mais encore au bénéfice de certains hommes politiques influents qui, eux aussi, séduisaient mon personnel et lui tiraient les vers du nez. Gambetta était de ce nombre. — Mais je déjouai ses intrigues, et le fidèle Ziegler, qui n'était que brigadier, fut nommé par moi inspecteur général, pour

m'avoir livré les secrets de l'homme occulte,
qui avait voulu se faire vendre les miens.

XVI

Une statistique.

Mes lecteurs peuvent, par ce qui précède, se
rendre compte à quel point le service de la
préfecture de police était compromis par les
menées d'une presse haineuse, qui avait réussi
à trouver un point d'appui au cœur même de
mon administration. Il me reste, pour expliquer la nécessité du coup d'État que je prémé-
ditais, à faire toucher du doigt au public les
résultats menaçants qu'avaient obtenus les
mauvais journaux en m'injuriant journelle-
ment, moi et mes agents.

Je pus constater, en effet, que l'insoumis-
sion de la population parisienne augmentait
en raison directe des attaques de la presse
contre moi.

Quand la *Lanterne* et ses congénères m'atta-
quaient, avec cette malveillance qui leur était
propre, j'étais tout étonné d'apprendre que le
nombre des cas de rébellion contre les agents
avait plus que doublé dans la journée suivante.

Ainsi, par exemple, pour appuyer mon as-
sertion de chiffres éloquents, je constatai que
les délits de rébellion, « *qui s'élèvent en
moyenne à* 206 *par mois* », atteignirent le
nombre « *de* 325 *en juin* 1879 » après les attaques violentes de la presse démagogique.

De sept par jour à peu près, ces délits
montent tout d'un coup, après l'affaire Bernage, trompettée à outrance par les journaux
infects, à douze, treize et quatorze !... c'était
on ne peut plus significatif.

Je sais bien que certains esprits chagrins ne
manqueront pas de prétendre que cette statis-
tique ne prouve pas ce que je veux lui faire
prouver, attendu qu'il est toujours facile à un
préfet de police de se commander le mercredi
soir pour le lendemain le nombre exact de ré-
bellions dont il a besoin pour justifier la me-

sure excentrique qu'il médite ; mais je suis au-
dessus de ces mesquines insinuations.

Ceci dit, je passe au récit de mon coup d'É-
tat, une des plus belles pensées de mon règne.

XVII

**La saisie de la « Lanterne ». — Un homme à la
mer. — L'interpellation. — Le sauvetage.**

Comme je l'ai minutieusement exposé dans
les chapitres précédents, la situation de la
préfecture de police, sapée chaque jour plus
violemment par les feuilles rouges, était des
plus critiques. Quant à mon prestige, il fon-
dait à vue d'œil, comme un capital d'Opéra-
Populaire.

Que la préfecture de police sombrât, mon
Dieu! à la rigueur, cela eût pu m'être encore à
peu près égal ; mais je ne pouvais assister les
bras croisés à l'effondrement de ma situation
personnelle. Il fallait donc frapper un grand

coup, écraser mes ennemis et ramener la confiance, qui abandonnait visiblement mes subordonnés, dont les casse-tête s'amollissaient de tristesse.

Un beau matin, en vertu de l'article 10 du Code d'instruction criminelle, — qui ne m'en donnait pas du tout le droit, c'est précisément ce qui rendait la chose bien plus drôle, — je fis saisir partout le journal *la Lanterne* « *pour délit de fausse nouvelle publiée de mauvaise foi* ». Je visais l'affaire Lucie Bernage.

Le numéro de la *Lanterne* que j'avais fait saisir contenait bien aussi, il est vrai, quelques menues critiques de ma personne; mais mes lecteurs me connaissent trop maintenant pour croire un seul instant que j'aie pu avoir pour but de mettre mon autorité de fonctionnaire au service de mes ressentiments particuliers. Le ton humble que j'emploie pour écrire ces mémoires modestes et de bon goût suffirait seul, je l'espère, à écarter cette blessante supposition.

L'effet de cette mesure audacieuse fut foudroyant. C'était ce que j'avais voulu. Mon plan était de provoquer une interpellation à la Chambre et de sortir du débat mort ou victorieux.

Je jouais, en un mot, le tout pour le tout; paroli, masse en avant!...

Mais entre nous, maintenant que j'ai fait mon petit effet à la Danton, je peux bien vous avouer qu'en réalité je ne jouais pas grand'-chose contre ce tout-là, attendu que je connaissais ma *Chambre des empotés* comme le fond de ma poche et que je savais bien qu'avec un peu d'aplomb, et en roulant convenablement les R de « *péril social* » d' « *ordre moral* » et de « *passions subversives* », je me ferais donner très facilement par la majorité traqueuse une de ces absolutions qui frisent de très près le brevet de « sauveur de la société ».

Cependant, pour ne pas avoir l'air d'être sûr de vaincre sans péril, je feignis de me préparer à une belle résistance, qui devait me procurer un triomphe non sans gloire. Les usages parlementaires voulaient que je fusse défendu par mon ministre; je demandai l'autorisation de me défendre moi-même à la tribune. M. Lepère — qui, entre nous, ne croyait pas ma cause fameuse — voulut bien s'effacer et me laisser l'honneur de la discussion.

Puisque le nom de M. Lepère arrive ici sous ma plume, c'est le bon moment, je crois, de dire ce que je pense de ce ministre, qui était mon supérieur direct par la hiérarchie, mais que je n'en éprouvais pas moins le besoin de traiter comme mon valet de chambre.

M. Lepère était — comme M. Gigot, mon prédécesseur, dont j'ai eu l'occasion de signaler ici même la déplorable naïveté — un excellent homme, soucieux avant tout de la légalité; un de ces hommes qui ne veulent rien devoir à l'injustice, mais qui, par le fait même de cette rigidité et de cette délicatesse ridicules, sont faits pour conduire les affaires publiques comme une queue de billard pour nettoyer les tuyaux d'un cor de chasse.

M. Lepère, dans sa candeur n'avait pas dissimulé que ma saisie de la *Lanterne* lui semblait un acte qui eût mené en cour d'assises tout autre citoyen qu'un préfet de police, et il n'avait pas hésité à dire que j'étais *allé jusqu'à l'extrême limite de mon droit*, ce qui, en tenant compte des précautions de langage auxquelles se croient tenus les grands personnages politiques, signifiait clairement qu'à son avis j'avais non seulement marché sur la lisière du Code pénal, mais mis les deux pieds en plein drap.

Cette timidité de mon supérieur me faisait pitié : c'est pourquoi je résolus de me rendre à la Chambre, d'y plaider moi-même ma cause et de « couvrir mon ministre ».

Cette prétention d'un inférieur de « couvrir » son chef paraîtra peut-être singulière à mes lecteurs qui ont été habitués, depuis leur enfance, à voir, au contraire, les chefs responsables « couvrir » leurs subordonnés. Mais serais-je l'homme *supérieur* que je suis si je me considérais comme l'esclave de traditions ridicules ?

D'ailleurs, j'avais absolument besoin de payer de toupet. Mon personnel, je l'ai dit, commençait à douter de ma poigne, en dépit de la confiance que j'affectais. « *Ma main se* » *montrait avec des reflets de bronze, mais cha-* » *cun disait que c'était l'effet d'une peinture.* »

Il faut avoir passé par là pour savoir tout ce qu'un homme coulé dans l'airain peut endurer d'angoisses, quand il entend chuchoter autour de lui qu'il n'est que passé au jus de réglisse.

Et puis, — je puis bien le dire aujourd'hui que c'est passé, — l'affaire Bernage n'était pas la seule qui me préoccupât. Sans doute, elle avait fait beaucoup plus de bruit que certaines autres; mais je sentais bien que, si je ne sortais pas de celle-là, toutes les autres, moins bruyantes, allaient me retomber sur le dos.

Il y avait d'abord l'affaire de mademoiselle Dudlay, de la Comédie-Française, que plusieurs journaux avaient représentée comme ayant été maltraitée par un individu paraissant appartenir à mon personnel de choix. J'avais bien, il est vrai, envoyé le lendemain à ces journaux un communiqué réduisant ce fait à sa plus simple expression; mais l'affaire pouvait être remise sur le tapis, les communiqués de la préfecture de police n'ayant pas encore conquis, à cette époque, la confiance du public au même degré que ceux de l'histoire sainte.

Il y avait aussi l'affaire Bonnefous — toute récente également : — M. Bonnefous, modeste industriel de la rue des Grands-Augustins, avait eu, disait-on, sa nièce — une enfant de quatorze ans — arrêtée à son bras et conduite au poste, où tous deux avaient passé la nuit. Cette affaire non plus n'avait pas été bien éclaircie.

J'en passe et des meilleures. — J'avais donc un intérêt de premier ordre à triompher sur l'affaire Bernage, afin de dégoûter une fois pour toutes les mauvaises feuilles de cette sotte manie qu'elles avaient de prendre fait et cause pour les honnêtes femmes, traitées en pleine rue comme des gourgandines.

Toutes ces considérations avaient doublé mon courage.

Il faut bien le dire ici : pour tout autre homme moins bien trempé que moi, la situation eût paru peu rassurante. De tous côtés, on me croyait absolument flambé. Les journaux des nuances les plus opposées publiaient des articles sur moi avec ces titres tout à fait engageants : *Un homme qui tombe, Un préfet qui se noie, Un homme à la mer.*

Il s'agissait donc de prouver à tout ce monde que je savais nager. La façon dont j'allais entrer dans l'eau ne pouvait laisser longtemps subsister ce doute dans l'esprit de personne.

Le jour fixé pour l'interpellation, je me rendis à la Chambre, où je fis mon entrée d'un air très dégagé. Je remarquai pourtant une certaine froideur chez beaucoup de mes collègues. Ils me croyaient si compromis, si près de basculer, que lorsque je passais à côté d'eux ils faisaient tous semblant de chercher à terre quelque chose qu'ils n'avaient pas laissé tomber pour ne pas être obligés de me serrer la main. –

Je connaissais assez les hommes — surtout ceux-là — pour ne pas m'émouvoir outre mesure de ce *lâchage* cynique qui est au fond de tous les dévouements politiques. D'ailleurs, je savais parfaitement à quoi m'en tenir sur la véritable impression qu'avait produite sur mes collègues la saisie effrontée de la *Lanterne*.

Ils n'osaient pas, devant le monde, me serrer sur leur cœur, parce que j'avais violé une loi ; mais, au fond, ils en étaient enchantés et n'attendaient que le moment où ce 2 Décembre en miniature serait *Te deumisé* par la majorité pour me brûler sous le nez toute sorte d'encens voluptueux.

Ils n'attendirent pas longtemps. Le débat s'ouvrit par un discours de M. Bouchet, député de Marseille, qui m'attaqua avec une mollesse presque humiliante pour moi. De temps en temps j'étais tenté de lui crier :

— Tapez donc plus fort !... Tout le monde va s'apercevoir que c'est pour rire !...

En effet, en me choisissant M. Bouchet comme adversaire, il semblait qu'on eût fait exprès de me décocher l'orateur le plus nul de la Chambre. Je pris la parole pour répondre ; ce n'était presque plus la peine. Fortement ennuyée par le discours macaronique de M. Bouchet, la *Chambre des empotés* fit à mes saillies les plus ordinaires et à mes calembredaines les moins drôles un succès à rendre Daubray jaloux.

Je représentai la préfecture de police comme sérieusement menacée par les attaques de la presse ordurière, et j'obtins une salve de bravos formidable.

Emballé par ce succès, j'arrivai à l'affaire de mademoiselle Lucie Bernage, que je racontai gaiement en imitant la voix de l'acteur Baron. Ce fut du délire.

« La Chambre trouva ce récit plaisant ; elle » rit, elle était désarmée.

A partir de ce moment, l'affaire était dans le sac. Le commissionnaire, au mont-de-piété le plus soupçonneux m'aurait avancé cent huit pour cent sur le vote de confiance que j'avais demandé, et qui fut voté à une grande majorité.

Quand je vis mon succès assuré, je voulus me payer la satisfaction de me faire la bonne mesure. Je mis le comble à l'indignation et à l'hilarité de la Chambre en allant déterrer dans mes archives un procès-verbal dressé contre un certain Sauton, rédacteur à la *Lanterne*, que mes agents avaient conduit au poste au moment où il simulait une attaque nocturne contre un brave épicier de son quartier, afin de se faire quinze lignes de copie à deux sous pour son journal du lendemain.

Ce récit produisit sur la *Chambre des empotés* un effet immense, et l'ordre du jour fut voté à une très grande majorité.

Une chose que j'avais bien l'intention, par exemple, de ne pas consigner ici, parce que, lorsqu'un homme consciencieux publie ses mémoires, il ne doit mettre dedans rien de ce qui pourrait le faire passer pour un blagueur, — c'est que, le lendemain de cet incident, je recevais en pleine figure, de M. Sauton, un démenti formel (*n° 827 de ma collection de démentis*) du fait que j'avais porté à la tribune.

Ce démenti, publié dans tous les journaux, contenait, entre autres, les passages suivants :

« Il n'est pas vrai *que moi ou quelqu'un*
» *portant mon nom ait eu l'intention d'attaquer*
» *ou de feindre d'attaquer de nuit un brave épi-*
» *cier.*

» *Il ne me plaît pas que vous ayez eu l'in-*
» *famie de jeter sur moi le moindre soupçon.*

» *J'ai donc eu le regret de constater que vous*
» *étiez encore en place, mais, le jour où vous*
» *serez descendu du pouvoir, j'espère que vous*
» *voudrez bien vous souvenir que vous m'avez*
» *offensé.* »

On comprendra sans peine que, si je reproduis ici les fragments les plus aimables de ce
document, ce n'est pas précisément pour mon
plaisir. Et, si j'avais été sûr que ce détail fût
oublié par certains parodistes de mauvaise
foi qui s'amusent en ce moment à publier mes
contre-mémoires, dans le but inavouable de
faire entendre deux cloches aux gens qui ne se
contentent pas d'un seul son, j'aurais avec
enthousiasme laissé dormir tranquillement ce
démenti — ainsi que bien d'autres.

Mais, puisque nous vivons à une sale époque
où un honnête homme ne peut pas publier le
mercredi soir une chose inexacte sans qu'un
intrigant la rectifie le jeudi matin, je suis bien
forcé quelquefois de ne pas chercher à cacher

à mes lecteurs certaines choses qu'ils apprendraient tout de même d'un autre côté.

XVIII

Après l'orage. — Lecture de mon dossier.

Bien que j'eusse remporté devant la Chambre un succès complet, je compris que ce sont là de ces succès escamotés sur lesquels il ne faut pas trop insister. Sous les trépignements d'enthousiasme de la Chambre, je devinais, — non pas des remords, je ne lui fais pas cette injure, — mais des réserves craintives. On a beau être député et se croire député indévíssable, on pense bien tout de même de temps en temps qu'on ne l'est que pour quatre ans; et, telle confiance, que l'on puisse avoir dans la bêtise de ses électeurs, on est bien forcé de se dire quelquefois, en se grattant le bout du nez :

— Sapristi ! Mais... s'ils allaient se dédindonner !

La Chambre était, à cette époque, saisie d'un projet de loi sur la liberté de la presse, et approuver la saisie d'un journal précisément à ce moment-là, c'était risquer fort de se dépopulariser aux yeux des électeurs, à qui l'on avait juré de terrasser l'odieux arbitraire.

On me fit comprendre doucement que je ne devais pas trop tirer sur la ficelle, et je crus sentir à l'attitude de la Chambre que si, par exemple, il me prenait la fantaisie d'envoyer une nuit mes agents briser toutes les presses des journaux parisiens, j'aurais peut-être un peu de peine à arracher à mes collègues un ordre du jour exprimant le vœu que le statuaire Bartholdi substituât ma tête à celle de sa magnifique statue : *La Liberté éclairant le monde !*

Je pris donc, pour quelques temps, une attitude un peu plus modeste envers la presse en général, et je fus d'une gracieuseté relative avec les journalistes qui venaient me demander des coupe-files ou des renseignements. Au lieu de leur répondre comme avant : *Vous pouvez vous fouiller !...* je leur disais poliment : *Vous vous en feriez mourir !...*

Je me trouvai bien de cette sorte de trêve. Un peu de calme succéda à la tempête, et j'en profitai pour feuilleter mon dossier personnel, qui m'avait été remis lors de mon entrée en fonctions, comme je l'ai raconté dans un des premiers chapitres de ces radieux mémoires.

Ce que je trouvai de bêtises, d'erreurs, de renseignements contradictoires et d'inventions saugrenues dans ce fameux dossier !... C'est inénarrable !...

D'abord, on me faisait naître en 1829, au lieu de 1840. Onze ans de déchet... Rien que ça !... Comme c'est agréable pour les femmes !... Vérification faite, je constatai que j'avais été confondu avec un homonyme envoyé par l'Algérie à l'Assemblée nationale en 1871.

Ensuite, on disait dans ce dossier — panaché d'un tas de papiers qui paraissaient être tombés pêle-mêle des dossiers du père Gagne, de Cora Pearl, de Villemessant, de Louise Michel et de l'Homme à la tête de veau — que j'étais le fils d'un conservateur, que j'avais été trésorier de *l'Internationale*, que je portais un corset, que je posais pour les pectoraux dans les étuves du Hammam, etc., etc...

Il n'y avait pas un mot d'exact dans tout cela. Mon père était radical, je n'ai jamais appartenu à aucune société secrète, je ne porte même pas de bretelles et jamais je n'ai mis le pied au Hammam dans la crainte d'être exposé à y voir Albert Wolff tout nu. Je renonce à relever toutes les inexactitudes grossières dont était bourré mon dossier. Quant aux choses vraies qui y figuraient, on pense bien que je ne vais pas m'amuser non plus à les faire connaître ici. Ce serait trop bête!... La seule moralité que je prétende tirer de ce chapitre c'est que, dans le premier dossier secret qui me tombait sous les yeux en entrant à la préfecture de police, il y avait assez d'erreurs, de turpitudes et de fausses indications pour faire condamner injustement un homme à vingt ans de bagne.

Eh bien! rien ne m'empêchera de trouver

cela tout à fait rassurant pour les autres particuliers qui ont certainement là-bas un dossier aussi exact que le mien, dossier qu'on ne leur confiera jamais tant qu'ils ne seront pas, comme moi, nommés préfets de police.

Et, quoique je ne sois plus de la maison, je n'en suis pas moins fier de savoir que l'Europe peut continuer à nous envier cette administration merveilleuse, grâce à laquelle le plus vertueux des citoyens peut dormir sur ses deux oreilles, sûr d'avoir dans un coin des archives nationales une biographie qui le représente comme ayant dans sa jeunesse volé des pruneaux aux étalages des épiciers et empoisonné plus tard, dans son âge mûr, son propriétaire et sa belle-mère.

Je trouvai également dans mon dossier le texte de quelques télégrammes privés que j'avais, en différentes circonstances, adressés à ma famille. Ce fait n'a pas une grande importance, et je ne le consigne ici que pour apprendre à mes lecteurs quelque chose qu'ils ne savaient peut-être pas, mais dont il auraient dû se douter, tant c'est naturel :

C'est que « *tous les télégrammes, même chif-*
» *frés, qui peuvent intéresser les ministres ou le*
» *préfet de police leur sont communiqués* ».
Quand la clef des dépêches chiffrées n'est pas
connue, — ce qui est rare. — tant mieux pour
les intéressés, car c'est le seul moyen qu'ils
aient d'échapper aux investigations d'une police éminement paternelle.

Peut-être trouvera-t-on en haut lieu qu'il
n'est pas très délicat de ma part de débiner,
maintenant que je n'en ai plus besoin, un truc
qui m'a profité pendant deux ans.

En effet, en agissant ainsi, j'indique aux particuliers comment ils peuvent s'y prendre pour
éviter que la police connaisse leurs affaires de
famille, ce qui est une mauvaise niche faite à
mes successeurs ; mais mon excuse est qu'en
commettant cette indiscrétion professionnelle
je n'ai aucunement pour but de rendre service
au public en le prémunissant contre un danger.
Mon seul objectif est de mettre de loin en loin
quelque chose d'un peu scandaleux dans ces
mémoires, que les lecteurs commencent à
trouver dénués d'intérêt.

Ces mêmes lecteurs voudront bien pourtant
« *m'excuser* » d'arrêter ici les citations de mon
dossier, « *dans lequel je n'ai glané que les pas-*
sages que j'ai jugé à propos de leur livrer ».
(CHŒUR DANS LE LOINTAIN : J't'écoute !...)

Ce dossier contient entre autres choses que je
garde pour servir plus tard de base à ma canoni-
sation la collection complète de mes manifestes
de candidat, rapprochés de mes actes et de mes
votes d'élu. Mes lecteurs n'ont pas espéré un
seul instant, je suppose, que j'allais m'amuser
à leur mettre ça sous les yeux. Je veux bien
les faire rire un peu, mais pas à ce point-là.

XIX

Le procès de la « Lanterne. » — La vérité sur l'affaire Lucie Bernage.

Après le succès que j'avais obtenu à la
Chambre à propos de la saisie de la *Lanterne,*
« *j'aurai volontiers renoncé au procès intenté*

pour fausses nouvelles à cette feuille ». J'y aurais renoncé avec d'autant plus de plaisir que je prévoyais bien que, même condamnée, la *Lanterne* ne manquerait pas de me faire dire à l'audience des choses plus ou moins agréables.

Je ne doutais pas de la sévérité de la justice à l'égard d'un journal si mal noté, mais je redoutais un peu celle de l'opinion publique à mon endroit.

Malheureusement, il n'y avait pas possibilité d'arrêter les choses. La justice était saisie. Force m'est donc de parler de ce procès, qui fut une des pages les plus glorieuses de mon administration. Tout ce que je puis faire, dans l'intérêt de la vérité, c'est de ne consigner dans ces mémoires consciencieux que les témoignagnes favorables d'agents de police : MM. Cuche, Marloz, etc..., qui vinrent déclarer que l'affaire Bernage était une pure invention, et de ne pas parler du tout des témoins Becker, Laroche, etc., — qui vinrent au contraire attester que l'incident de la place du Château-d'Eau était tellement véridique qu'il avait attiré une foule de cent ou cent cinquante personnes.

La *Lanterne* fut condamnée, et sec !... quatre mois de prison et quatre mille francs d'amende.

Je ne crois pas utile non plus d'insister outre mesure sur ce fait qu'à la même époque, le journal l'*Univers* était condamné par la même justice, pour le même délit, à ... trois cents francs d'amende. Je laisse mes lecteurs, la bouche béante, tirer eux-mêmes à leur gré les conséquences de ces dénouements... variés.

Voilà donc l'affaire Bernage enterrée, nous n'y reviendrons plus.

Toutefois je dois faire ressortir à quel point était ridicule cette fable de la prétendue arrestation de mademoiselle Bernage ; si elle eût été vraie, comment admettre que les 100 ou 150 témoins de l'incident ne fussent pas venus à l'audience appuyer le récit de mademoiselle Bernage ?... La seule objection que l'on pourrait me faire à cela, c'est que dans les pays civilisés comme le nôtre où la police est faite à coups de poing, les citoyens s'étant tout doucement habitués à cette idée salutaire qu'il n'y a pas moins de danger pour eux à recevoir les renfoncements eux-mêmes qu'à venir témoigner qu'ils les ont vus recevoir par d'autres, se refroidissent facilement pour la vocation de témoins judiciaires.

Et maintenant je terminerai par ce trait élégant et de bon ton à l'adresse de la grande *premier rôle* de ce drame étourdissant de gaieté :

« *Mademoiselle Lu ie Bernage n'a pas profité* » *de la publicité qui s'est faite autour de son* » *nom. Elle est restée ce que son directeur,* » *M. Ballande, affirmait à la presse qu'elle avait* » *toujours été :* UNE ARTISTE MODÈLE. »

Déjà une fois j'ai introduit ça : « UNE ARTISTE MODÈLE » comme mot de la fin dans un des chapitres de ces mémoires d'un esprit si fin et si attique. — Mais je n'ai pu résister au désir de le rééditer, tant il me semble joli, délicat, et doublé d'un sous-entendu du meilleur ton. — Pourvu, ô mon Dieu ! que mes lecteurs en aient bien saisi toute la finesse !... Dans la

crainte qu'ils n'aient pas compris, je le leur ré-
péterai de temps en temps au cours de ces mémoires. Il ne faut pas qu'un trait si subtil passe
inaperçu ; Dumas fils me le chiperait pour une
de ses comédies !...

XX

**Attributions du préfet de police. — L'article 10
du Code d'instruction criminelle.**

On s'imagine généralement — et l'on a tort
— qu'un préfet de police n'a à s'occuper que
de faire filer les citoyens qui ne sont pas contents du gouvernement, pour pouvoir introduire dans leurs dossiers l'adresse du magasin
où ils achètent leurs gilets de flanelle. Erreur
grossière !... On est effrayé, quand on lit l'arrêté du 12 messidor an VIII (qu'on ne lit guère
heureusement), de la multiplicité des attributions de la préfecture.

Je n'en ferai pas ici la nomenclature, d'abord parce que ce serait trop long ; ensuite parce que je craindrais de déconsidérer la préfecture de police, en mettant le public à même de comparer tout ce qu'elle devrait bien faire avec tout ce qu'elle fait si mal — ou ne fait pas du tout.

Depuis les maisons de jeu... et autres, jusqu'aux bureaux de nourrices, en passant par les théâtres, entre autres celui du Palais-Royal, — il est vrai que chaque théâtre donne chaque jour une loge au préfet de police, ce qui fait que tous les soirs ce fonctionnaire ubiquiste a vingt-cinq loges à sa disposition, et à celle de ses amis et amies ; comment voulez-vous donc que l'on soit sévère pour ces excellents directeurs ? — Mais continuons ma nomenclature : Depuis les maisons de jeu... et autres, jusqu'aux bureaux de nourrices, en passant par les théâtres, la salubrité, les postes à incendie, l'enlèvement des neiges, la Morgue (pas la mienne !), les poids et mesures, le contrôle, la Bourse, les permis de chasse, etc., la préfecture a l'œil partout, ce qui explique le nombre de ses agents louches.

A Paris, une des plus lourdes responsabilités du préfet de police est la recherche des criminels. Cette importante branche de mon service a été pendant deux années le cheveu de mon existence. Jamais je n'ai pu parvenir à mettre la main sur un malfaiteur un peu influent. C'était comme une guigne !... Chaque fois que je me rendais sur le lieu d'un crime tout frais, l'assassin venait de partir sans laisser son adresse, pour m'enlever sans doute le moyen de me faire une petite réclame.

Il faut bien dire aussi que les législateurs ont fait tout ce qu'ils pouvaient pour entraver l'action du préfet de police. Ils ont abrogé l'article 10 du Code d'instruction criminelle, qui permettait au préfet de faire tous les actes nécessaires à la constatation des crimes, et ils ont remis ce pouvoir au procureur de la République, qui délègue un juge d'instruction, lequel délègue à son tour un commissaire de police, lequel... arrive régulièrement, comme moi et comme les carabiniers d'Offenbach, toujours trop tard.

Je me hâte d'ajouter que la sécurité des

citoyens n'a rien gagné à passer des mains
du préfet de police dans celles des juges d'instruction témoin cette récente affaire Ballerich
dans laquelle on a vu le parquet ordonner des
perquisitions si... fantaisistes que pendant
trois jours les abonnés du *Cri du peuple*, af-
folés, brûlaient soigneusement les bandes de
leur journal dans la crainte de voir le commissaire de police de leur quartier venir éventrer
leurs matelas pour y trouver des preuves de
leur complicité dans cette malheureuse affaire.

En retirant à la préfecture une attribution
qui avait quelque charme pour la donner à la
justice, on a donc tout simplement fait une
crasse au préfet, sans autre avantage pour les
particuliers que de voir forcer leurs tiroirs en
vertu du même ordre signé d'un autre nom.
Depuis l'étonnant système thérapeutique qui
consiste à soigner les rhumes de cerveau en les
appelant des coryzas, je crois que l'on n'avait
rien trouvé de plus complet.

XXI

Le service de sûreté. — Les assassinats Lecercle et Fellerath.

J'ai le regret de le constater, la préfecture de police, depuis que je n'y suis plus, est une administration absolument démonétisée, et le plus déplorable de l'affaire c'est que les gens qui l'ont sapée et démolie sont justement ceux qui avaient le plus d'intérêt à la défendre : j'ai nommé « *les députés, les fonctionnaires et les ministres.* »

« *Un jour pourtant, il faudra refaire la police,* « *comme il faudra refaire la justice et tant* « *d'autres institutions qui s'en vont peu à peu.* » Et c'est ce jour-là que l'on s'apercevra que je manque. Mais il sera peut-être trop tard; le czar m'aura sans doute, à cette époque, chargé de diriger la police russe, et l'on pense bien que je ne quitterai pas une brillante situation qui ira comme un gant à mon tempérament libéral.

Cependant, à cette époque, j'avais encore quelques illusions, et je me flattais qu'avec de la poigne je pourrais remettre sur pied la préfecture de police chancelante. Je dirigeai surtout mes efforts sur le service de la sûreté, dont M. Macé était le chef.

M. Macé était un homme fort intelligent et qui s'était fait la réputation de n'avoir pas son pareil pour deviner le nom d'un criminel rien qu'à la pointure des bottines de la victime. Je compris tout de suite que moi, qui n'étais seulement pas capable de trouver une adresse dans le Bottin, je devais m'appliquer à m'occuper ostensiblement du service spécial de cet inférieur, dont la clairvoyance me donnerait peut-être de temps à autre comme un reflet de perspicacité. Le tout était, pour moi, en ma qualité de chef, de profiter des découvertes de mon inférieur, — quand il en ferait, — et de me les approprier en faisant passer dans les journaux complaisants des notes chaudes commençant ainsi :

« ARRESTATION DE CHOURINARD, DIT BRULE-
« GUEULE, L'ASSASSIN DE LA VEUVE POTIRON.
» — Grâce à l'étonnante habileté de notre
» phénoménal préfet de police, l'assassin de la
» veuve Potiron a été arrêté hier, dans le caba-
» ret borgne du *Lapin qui schlingue.* »

Malheureusement, — ce fut comme un fait
exprès. — Macé se relâcha et ne mit la main
sur aucun « *Brûle-Gueule,* » ce qui nous valut
à tous deux les railleries impitoyables d'une
presse immonde, et à moi personnellement le
sobriquet douloureux de « BREDOUILLE ».

J'avais fondé les plus belles espérances sur
deux assassinats magnifiques qui avaient été
commis peu de temps avant ma nomination :
celui de Lecercle, supprimé, — comme beaucoup d'autres l'ont été depuis par mon successeur, —en pleine rue de Saint-Mandé, le 3 janvier, et celui de Marie Fellerath, assassinée
le 23 février dans le passage Saulnier.

Nous n'avions, MOI et Macé, aucun indice;
mais c'était encore plus qu'il n'en fallait à des
limiers de notre trempe pour... ne rien trouver

du tout. Ce fut ce que nous fîmes avec un touchant accord. Seulement, nous pas bêtes, nous flanquâmes carrément cet insuccès sur le dos de la magistrature, du parquet et des juges d'instruction, que nous accusâmes, — comme je les en accuse encore, — d'avoir « *entravé les recherches de la sûreté par leur intervention.* »

Principalement dans l'affaire Fellerath, le juge d'instruction fut d'une maladresse à se faire abonner d'office et à vie au *Journal des Abrutis.* Sous prétexte que le crime avait été commis avec un poignard japonais, est-ce que ce magistrat n'imagina pas de faire trimbaler ce poignard pendant trois mois dans tout Paris par des agents qui arrêtaient les passants dans les rues en leur demandant :

— Savez-vous à qui est ce couteau ?

C'était devenu une véritable scie : on ne pouvait plus entrer dans un bal ou dans un musée, ou dans un théâtre, sans se cogner dans un monsieur qui vous présentait brusquement un poignard japonais en vous disant :

— Il est impossible que vous ne connaissiez pas ne fût-ce que quelqu'un qui connaîtrait

9

une personne connaissant un individu ayant
connu quelque connaissance d'un monsieur
susceptible de connaître le propriétaire de cet
ustensile.

J'ai tenu à raconter cet épisode afin de montrer avec quelle finesse la justice d'alors dirigeait ses recherches. Si, au lieu de colporter
partout ce petit couteau, on nous l'avait confié
à MOI et à Macé, nous aurions certainement
découvert à qui il appartenait. Il eût suffi pour
cela de s'y prendre de la manière que nous
avions trouvée, MOI et Macé.

Nous faisions insérer dans le *Petit Journal*
un avis ainsi conçu :

« Il a été trouvé dans le ventre d'une fille
» galante du passage Saulnier un couteau-poi-
» gnard japonais. Ce poignard est à la disposi-
» tion de son propriétaire, à la préfecture de
» police. »

C'était simple comme bonjour ; mais voilà !...
Par jalousie de métier, la justice aimait mieux
voir échapper un criminel que de nous laisser
à MOI et à Macé, — dont c'était le métier, —

la gloire de... le faire échapper nous-mêmes.

Macé lui, avait un truc tout particulier pour se tirer d'affaire. Chaque fois qu'on venait nous annoncer qu'un crime avait été commis et que l'assassin était inconnu, il prenait un air fin et disait :

— Je sais qui... C'est Abadie !...

Alors moi, pour ne pas avoir l'air plus serin que lui, j'ajoutais, d'un ton futé, — comme le célèbre *chand d'habits* de Gavarni :

— Moi aussi !...

Ce fut cette réponse que nous fîmes en chœur quand on vint nous apprendre l'assassinat Lecercle. Ce fut celle encore que nous trouvâmes à la nouvelle du crime Fellerath. Nous ne sortions pas de là, MOI et Macé : — « C'est Abadie. » — « Moi aussi. »

Ces deux mots étaient tellement passés dans nos habitudes à tous les deux que nous les répétions mécaniquement à propos de tout, même dans les circonstances les plus intimes de la vie.

Je me souviens qu'un jour nous étions entrés, MOI et Macé, dans un de ces grands monuments blindés qui bordent les trottoirs de nos grands boulevards. Sur les quatre places, deux étaient occupées; nous prîmes les deux autres. Tout à coup, un bruit sec part d'une des cases occupées par nos voisins. Une voix indignée dit aussitôt :

— Oh !... qui est-ce qui a fait ça ?...

— C'est Abadie !... s'écria machinalement Macé.

— Moi aussi !... fais-je inconsciemment.

L'habitude nous avait entraînés. Nous nous croyions toujours dans l'exercice de nos fonctions.

XXII

Affaire de la rue Fontaine. — Assassinat de la veuve Joubert.

Quelques jours après mon arrivée à la préfecture, un assassin malin, qui avait attendu ma nomination pour pouvoir travailler sans risque, égorgea dans sa boutique une pauvre marchande de journaux de la rue Fontaine. Enfin!... j'allais donc pouvoir faire mes preuves avec un crime bien à moi, un crime commis sous mon règne.

Quand on vint m'annoncer ce forfait, je fis vite demander Macé, qui accourut. Aussitôt qu'il fut au courant, il s'écria :

— Je sais qui... c'est Abadie !...

— Moi aussi !... répondis-je, pour ne pas interrompre la tradition.

Mais il était écrit que nous rencontrerions toujours de la part de la justice les mêmes résistances. Nous eûmes beau, MOI et Macé, répéter à M. Delahaye, juge d'instruction, chargé de l'affaire : « *C'est Abadie !* » « *Moi aussi,* » ce juge, qui décidément ne voulait rien faire pour notre popularité, à MOI et à Macé, se refusa à admettre comme concluantes nos deux affirmations, qui étaient pourtant solidement basées sur un double tic produit par notre double accès de gâtisme galopant.

L'affaire de la veuve Joubert, — comme les précédentes, comme bien d'autres que nous

verrons plus tard, — fut donc classée sans
suite, et nous revoilà de nouveau, Macé et moi
(cette fois-ci, je le mets le premier, parce qu'il
y a un mauvais compliment à recevoir), en
butte à la malignité de la presse fangeuse, qui
va recommencer à nous bombarder d'épigram-
mes en nous représentant comme deux jo-
crisses.

Beaucoup d'autres affaires analogues se sont
produites pendant les premiers mois de ma
remarquable administration. Pour être métho-
dique, je devrais, pendant que j'y suis, faire ici
l'historique des crimes Bassengeaud, Leclerc
et Boyer, qui sont de la même période; mais
comme toutes ces affaires nous couvrirent,
Macé et moi, d'un égal ridicule, et que j'en ai
déjà sur le dos assez pour me tenir chaud pendant quelque temps, je vais laisser reposer un
peu la série de mes *gaffes* retentissantes pour
m'occuper de choses plus gaies.

Je me contenterai, avant de fermer ce chapitre, de signaler une très bonne farce qu'imagina Macé pour nous défendre contre les
attaques de la presse. Il répondit publiquement

en « *attribuant à la campagne de la Lanterne toute la série de crimes* » dont nous ne pouvions pas découvrir les criminels. C'était une trouvaille ! Inutile de dire que j'opinai dans le même sens en ajoutant : « Moi aussi, » suivant la formule.

Si bien qu'il ne nous manquait plus que de faire passer le « *vieux petit employé* » pour Abadie en personne ; nous préparions ce coup de théâtre, MOI et Macé, quand... mais n'anticipons pas.

XXIII

Encore une petite fouille dans mon dossier.

Je reviens toujours avec un plaisir — quelquefois amer — à la compilation de mon dossier, dans lequel se trouvent, je l'avoue, des choses bien intéressantes et que j'avais oubliées moi-même. Aujourd'hui, mon œil est attiré par une petite feuille de papier crasseuse qu'un agent vraiment soigneux de mon avenir politique, y avait introduite en 1876, alors que je n'étais pas préfet de police et rédigeais en chef le *Petit Parisien.* Voici cette pièce curieuse :

Le Petit Parisien *du 1er novembre 1876, dirigé par M. Touchatout.*

LA LIBERTÉ DES FEMMES. — *Nous n'allons pas jusqu'à demander pour elles la carte d'électeur, mais nous trouvons exorbitant qu'elles ne puissent sortir seules à certaines heures sans s'exposer à être prises pour des filles par certains agents spéciaux.*

L'aventure, qui s'est passée hier, en plein boulevard, devant le théâtre Ballande, fera partager à bien des gens notre avis.

Ici le récit de l'outrage fait à mademoiselle Rousseil, outrage identique à celui dont s'était plainte depuis mademoiselle Lucie Bernage.

Tout est bien qui finit bien; mais mettons à la place de mademoiselle Rousseil, qui a pu aisément se faire reconnaître, une femme du monde, en retard, quelle épouvantable commotion!... Quel scandale!... Et dire que beaucoup d'erreurs semblables se commettent dont les victimes préfèrent garder l'affront que de braver les conséquences d'une protestation.

Voilà bien, en effet, quelle était en 1876 ma manière de voir sur les agissements de la police des mœurs; et je n'ai pas relu sans un certain orgueil, dans mon dossier, cette page indignée que m'avait inspiré un abus de pouvoir scandaleux.

Autre extrait de ce dossier béni, qui est vraiment un père pour moi :

Le 2 décembre 1876, M. Touchatout écrivait également dans son journal, sous le titre : le DROIT DE LA PRESSE, *les lignes suivantes :*

La liberté de la presse, sous un régime démocratique a une telle importance que rien de ce

qui peut étendre le droit du journalisme ne sau-
rait être indifférent au pays.

En résumé, le décret de 1852 a abrogé la loi de
1849 et a été abrogé lui-même par la loi de 1872.
Reste : la LIBERTÉ.

En algèbre, cela s'écrit ainsi :
$$1849 + 1852 + 1872 = 0.$$

C'étaient bien là également (en 1876!...) mes opinions solides en matière de liberté de la presse. Je n'oserais pas affirmer que si, trois ans après, j'avais eu à traiter le même sujet, je n'aurais introduit la variante suivante à la conclusion de cet article :

« En résumé, toutes les lois sur la presse
» s'étant abrogées mutuellement, reste : *Tou-*
» *chatout*, c'est-à-dire, pour traduire algébri-
» quement : *Ordonnances de Juillet* $+$ *Lois de*
» *l'ordre moral* $+$ *Etat de siège* $=$ MOI!...

Mais là n'est pas la question. Les places restent et les hommes changent. Toute la politique (la mienne!) tient dans cet axiome, pas neuf, mais consolant.

J'ai tenu à mettre sous les yeux de mes lecteurs ces différents extraits de mon dossier afin qu'ils sachent au juste ce que je pensai du cas de mademoiselle Rousseil à l'époque où je n'avais pas encore sur l'estomac le cas de mademoiselle Bernage, et quels étaient mes principes rigoureux en matière de liberté de presse avant que je fusse mis à même de faire saisir les journaux qui me déplairaient.

C. Q. F. D.

XXIV

Pour voir si j'aurais la tête coupée. Police et franc-maçonnerie.

En ce temps-là, je n'étais rien moins que membre du conseil de l'ordre de la franc-ma çonnerie française. J'étais entré dans cette... machine-là pour m'amuser, comme on entre aux Folies-Bergère, et parce que j'y rencontrais quelques camarades, gais comme moi, avec qui nous nous tordions dans les coins à blaguer tous ces vieux birbes qui exécutaient avec un sérieux de bonzes les choses les plus cocasses. J'avais là pour collègues d'excellents clodoches qui sont devenus — ou qui font semblant de devenir depuis — des hommes très sérieux : Caubet... Albert Joly... Valentin... Ducarre... Édouard Millaud... Le Royer... et beaucoup d'autres que j'oublie. Tous hommes, comme on le voit, qui ont fait leur chemin sans se croire pour cela obligés de venir ridiculiser publiquement plus tard, dans leurs mémoires, une association dans laquelle ils ont été à un certain moment, et malgré ses légers travers, bien heureux d'être admis.

Mais moi, je ne suis pas un homme comme les autres. Et quoique j'aie été non seulement franc-maçon, mais encore membre du conseil de l'ordre, c'est-à-dire investi par mes F.·. d'une plus grande confiance que les autres, je crois de mon devoir de galant homme de justifier cette confiance en couvrant de huées de bon goût une société ridicule que j'avais pourtant prise assez au sérieux pour accepter d'en être un des grands dignitaires.

Ce que c'est gai une réception de franc-maçon, vous n'en auriez pas idée!... si ce récit n'avait déjà traîné partout — ce qui est d'ailleurs, vous avez dû le constater, la marque de fabrique de toutes mes révélations. — Je vous raconterai donc ma séance d'initiation, non qu'elle soit intéressante, mais parce que cela tient de la place.

Quand je me présentai, des F.·. inconnus me bandèrent les yeux et me conduisirent dans un souterrain situé au troisième étage de la maison où se passait cette scène désopilante. Dans cette pièce, tapissée d'ossements humains, on me laissa seul, pour que j'écrive mon testament.

Je le rédigeai ainsi : « *Je lègue mes dettes à ma famille, et le reste aux pauvres.* » C'était très spirituel ; mais mon excuse est que cette plaisanterie n'était pas de moi ; elle avait fait les beaux jours de quelques vieux vaudevilles et couru tous les échos de Paris du petit journalisme.

Après cela, on me fit passer par des épreuves symboliques à faire pouffer de rire un spleenique : cliquetis de pincettes, flammes de Bengale que l'on me brûlait sous le nez, syphons d'eau de Seltz que l'on me vidait dans le dos, etc., etc...

A chaque épreuve, le vénérable m'interrogeait sur l'impression que j'avais éprouvée, et je lui répondais invariablement.

— Je trouve ça bête comme trois pots !...

On me présenta un calice contenant le *breuvage d'amertume ;* c'était de l'amer Picon ; je demandai qu'on y ajoutât un peu de gomme.

Puis vint le fameux interrogatoire philosophique dans lequel je fus très brillant, inutile de le dire. Alors je fus reçu, après que l'on m'eût fait jurer de ne «*rien divulguer des mystères de la franc-maçonnerie* », ce que je fis avec la désinvolture d'un candidat qui promet quelque chose à ses électeurs ; et le tour était joué.

En prenant possession de la préfecture de police, je compris qu'il y avait peut-être incompatibilité entre ces fonctions, qui m'impo-

saient le devoir de faire moucharder les sociétés secrètes, et celles de grand dignitaire
d'une de ces sociétés, et j'envoyai au grand-
maître de l'ordre ma démission.

J'ai toujours eu, en matière d'incompatibilité, des principes très arrêtés, entre autres
celui-ci : c'est qu'un honnête homme ne peut
décemment pas cumuler deux fonctions dont
une seule est rétribuée ; or, la préfecture de
police me rapportant cinquante mille francs
par an, et la franc-maçonnerie me coûtant une
cotisation annuelle de soixante francs, il n'y
avait pas à hésiter.

Voilà le récit exact de mon odyssée dans la
franc-maçonnerie, dont je n'ai d'ailleurs rien
conservé, si ce n'est un souvenir très gai et le
fameux *bandeau sur les yeux*, qui m'a toujours
empêché dans mes nouvelles fonctions, de
découvrir aucun malfaiteur sérieux.

XXV

Entr'acte. — Encore la franc-maçonnerie.

J'en étais là de mes mémoires, je venais d'essayer de frapper un grand coup de grosse caisse en divulguant tous les secrets de la franc-maçonnerie que j'avais trouvés dans le Larousse. J'avais compté sur ce pétard pour attirer enfin l'attention des passants. Je me retournai pour juger de l'effet. Horreur !... Pas un chat au pied de mon estrade. Tous les citoyens passaient devant, affairés et indifférents. O néant des choses du monde et de l'ex-préfecture de police !... Ainsi, pendant vingt jours, j'avais fait une parade pleine de vigueur et de brio !... Pendant vingt jours, je m'étais tordu les cordes vocales à lancer à la foule les boniments les plus audacieux !... Pendant vingt jours, je n'avais cessé de crier à cette foule :

— Entrrrrez!... entrrrrez!... dans ma baraque, mesdames et messieurs!... Vous y verrez un tas de choses curieuses que vous avez déjà vues partout!... Vous y verrez un ex-fonctionnaire public qui emporte, en quittant son poste, les papiers desquels il était le dépositaire!... Vous y verrez ce même fonctionnaire annoncer qu'il va publier ces papiers scandaleux! Et ne pas les publier du tout!... Entrrrrez! messieurs, mesdames!... Ce fonctionnaire vous révélera de terribles secrets!... Il vous apprendra — chose de laquelle vous ne vous seriez jamais doutés — que les agents de la police secrète sont des *mouchards* et qu'ils ne se font pas inscrire sous cette rubrique dans le Bottin!... Entrez, messieurs!... vous y verrez comment un préfet de police s'y prend pour arrêter les honnêtes femmes qui vont à pied et pour laisser partir les assassins qui font de la galantine avec des pharmaciens!... Entrrrrez!... mesdames, messieurs!... Ce n'est pas deux francs par personne!... Ce n'est pas un franc!... Ce n'est pas cinquante centimes! Ce n'est pas même cinq sous!... Ce n'est pas même deux

10.

sous !... C'est... c'est... c'est... la simple bagatelle de 36 francs par an, 18 francs pour six
mois, 9 francs pour trois mois !... Entrrrrez !...
entrrrrez !... les révélations dureront pendant
au moins six mois... Nous ferons en sorte
qu'elles ne soient pas terminées pour l'époque
du renouvellement !... Entrrrrez !... entrrez !...
et si vous n'êtes pas contents, vous n'aurez
rien à payer en sortant, on ne paye qu'en entrant !... Boum !... Dzing !... Boum !... Boum !...

Oui !... pendant vingt jours, je m'étais égo-
sillé à crier tout cela et beaucoup d'autres
choses. Le boniment fini, je jette un coup d'œil
sur la place publique, et je vois... quoi?...
rien !... rien, que des passants qui s'éloignent
en me criant d'un air goguenard :

— *As-tu fini !...*

C'est alors que j'eus une inspiration sublime.
Je résolus de disparaître pour faire croire que
les francs-maçons, furieux d'avoir été trahis
par moi, m'avaient fait supprimer en introdui-
sant de la dynamite dans les boucles de mes
bretelles.

En effet, le résultat que j'attendais se produisit instantanément. De tous les côtés, le bruit se répandit que j'avais été assassiné par les F∴ — C'était tout ce que je voulais.

Que le public se rassure — et s'abonne. Je suis encore en vie et rien n'a été tenté contre moi. Voici seulement ce qui s'est passé :

Vexé de mes révélations, le conseil de l'ordre de la franc-maçonnerie s'est réuni il y a trois jours, pour me juger. A l'unanimité, j'ai été condamné à mort pour crime de trahison. On a tiré au sort le nom du F∴ qui serait chargé d'exécuter la sentence. C'est le F∴ Christian, artiste au théâtre des Variétés, qui a été désigné. On lui a, séance tenante, mis dans les mains des masses de revolvers, de poignards, de cordes à boyaux ; on a bourré ses poches de bombes Orsini, de flacons de vitriol, de fioles de poison et de billets de faveur pour les concerts Lamoureux, et on lui a dit : Va... ! F∴, et que ton bras ne fléchisse pas... le grand architecte de l'univers est avec toi.

Le F∴ Christian, qui est assez jovial, comme on le sait, a répondu d'une voix rocailleuse, mais d'un ton ferme :

— Pardon, mes chers F.·., puisque le grand architecte de l'univers vient avec moi, j'aimerais tout autant qu'il y aille tout seul ; nous n'avons pas besoin d'être deux !

Alors s'est élevée de l'assemblée une voix mâle et grave qui a dit :

— Que signifie cette observation? Le F.·. Christian *flancherait-il*, par hasard?

Je ne *flanche* pas, a répondu le F.·. Christian. « Tout autre que mon F.·. l'éprouverait sur l'heure. » Seulement, on peut bien y aller de ses petites réflexions. Certainement, je serais tout prêt à faire mon devoir et à courir découper en dix-huit morceaux l'infâme F.·. qui nous a trahis, s'il était encore préfet de police, parce qu'alors je ne risquerais rien, étant sûr qu'il ne découvrirait pas son meurtrier... mais, chers F.·., vous oubliez que le traître n'est plus préfet de police et que la sécurité n'est plus aussi complète pour les assassins !...

A la suite de cette réplique absolument sensée du F.·. Christian, on a délibéré de nouveau et l'on a décidé que je ne serais exécuté qu'en effigie, en attendant des temps meilleurs.

Seulement on décida que si je continuais à blaguer les flammes éternelles en divulguant qu'elles coûtaient trois francs les douze chez Ruggiéri, je serais rayé de la liste des francs-maçons.

Mes lecteurs s'imaginaient sans doute, dans eur candeur, que pour *cesser d'être franc-maçon, il suffisait de sortir sans saluer,* c'est une erreur. Sortir sans saluer d'une société où l'on a été bien reçu suffit pour cesser d'être un homme bien élevé; mais dans la franc-maçonnerie, ça ne suffit pas pour cesser d'être membre de la corporation : on est goujat, mais on reste tout de même maçon, les statuts sont formels. Il faut, pour vous délier, un jugement régulier. C'est ce jugement que j'attends, l'âme sereine et le cœur léger.

Je dois dire aussi que quelques francs-maçons, moins intransigeants que ceux qui m'ont condamné à mort, sont au contraire venus me remercier d'avoir flanqué un bon coup de pioche dans de vieilles et ridicules pantalonnades.

En effet, rien de plus saugrenu, à mon avis, que de blaguer, par exemple, le grand polichinelle, moitié tambour-major, moitié saltimbanque, qui joue le rôle de suisse dans les églises catholiques et de s'en aller au Grand-Orient se faire attacher au bas du ventre un petit tablier de peau grand comme une bavette de nourrisson, et qui vous donne l'air d'une andouille phénoménale.

Mais qu'elle n'a pas été ma surprise en entendant ces mêmes libres-penseurs de la franc-maçonnerie qui venaient de me féliciter, défendre énergiquement toutes les simagrées que j'avais si malmenées dans ces mémoires, et soutenir que si toutes ces grimaces font suer les francs-maçons intelligents *comme moi*, elles sont nécessaires pour frapper l'imagination des F.·. idiots qu'envoient dans les différentes loges l'épicerie, la bonneterie et la cordonnerie.

— En un mot, me disaient-ils, il faut de la religion pour le peuple.

En vain j'essayai de répliquer que puisque c'est justement pour échapper à une religion qu'on se fait franc-maçon, il n'y a aucun bénéfice pour un citoyen s'il ne s'échappe d'une religion qui l'a baptisé en lui versant de l'eau sur la tête que pour aller se faire baptiser par une autre religion qui lui flambe des allumettes sous le nez.

Une chose que je ne parvins pas non plus à faire comprendre à ces esprits indépendants, c'est que j'aie attendu quinze ans pour m'apercevoir que la franc-maçonnerie usait de pratiques absolument abrutissantes, que pendant quinze ans j'aie conservé sérieusement les fonctions de grand dignitaire d'un ordre que je considérais comme une succursale de la grande bobècherie humaine, et qu'au bout de quinze ans, j'aie craché avec tant de désinvolture dans le verre d'honneur où j'avais bu sans rire et sans dégoût le bitter-gomme de la vanité et de la gloriole.

XXVI

La rentrée des amnistiés.

J'arrive ici à un sujet excessivement scabreux, et le diable m'emporte si je sais comment je m'en tirerai. Il faut toute la confiance
que j'ai en mon immense aplomb pour que je
résiste à la tentation d'écrire ce chapitre dangereux avec des lignes de points.

On se rappelle que, poussé par l'opinion publique, le cabinet que présidait M. Waddington
s'était décidé, dès son arrivée aux affaires, à
déposer un projet de loi d'amnistie partielle
des condamnés de la Commune.

Ma situation allait devenir fort embarras-
sante. J'avais justement promis à mes électeurs de voter pour l'amnistie, et, patatras!...
la première personne à qui le gouvernement
pense pour lui demander de la combattre, c'est
MOI!... Pas de veine!...

Il y avait cinquante autres députés que l'on pouvait charger de cette besogne; eh bien! non... On me choisit. Fallait-il tout de même que je jouisse de l'estime de mes ministres pour que la première pensée qui leur vînt en cette circonstance fût celle-ci :

Un seul homme dans cette enceinte est capable de combattre l'amnistie : c'est celui qui a juré à ses électeurs de la défendre.

J'ai toujours pensé que les grandes circonstances font les grands hommes. La confiance que l'on me témoignait me transporta. *Sursum corda.* J'acceptai et me mis à l'œuvre.

Adroit comme un singe, j'ébauchai séance tenante un plan d'amnistie basé sur la célèbre théorie du Normand aux pommes : pour une amnistie où il y a des amnistiés, il n'y a pas d'amnistiés ; mais, pour une amnistie où il n'y a pas d'amnistiés, il y a des amnistiés.

C'est-à-dire que, pour donner satisfaction aux électeurs, qui demandaient l'amnistie, et au gouvernement, qui n'en voulait pas, j'imaginai un système mixte, qui consistait à accorder une trentaine de grâces facultatives auxquelles on attribuerait exceptionnellement les conséquences légales de l'amnistie.

C'était d'un malin à tout casser. Jamais on n'avait fait entrer autant de têtes de merlans, de gésiers de canards et de boyaux de chats dans une matelote d'anguilles.

Il était en effet admirable, mon plan d'amnistie, qui permettait au gouvernement de distribuer à son gré quelques grâces par-ci par-là et de choisir pour les ramener en France les fédérés assez vieux ou assez malades pour que l'on pût espérer les voir mourir pendant la traversée.

Quant vint le moment de choisir un rapporteur de la commission nommée par la *Chambre des empotés* pour l'examen du projet de loi *contre l'amnistie,* ma personnalité fut tout indiquée, puisque j'étais l'auteur de ce projet d'amnistie sans envers — et sans endroit naturellement.

Plusieurs de mes collègues, appartenant au Centre gauche, avaient brigué l'honneur d'être investis de ces fonctions de rapporteur qui allaient comme un gant à leur tempérament;

mais le gouvernement tenait essentiellement à me donner la préférence. Sentant à quel point il se rendait impopulaire en escamotant l'amnistie, que tout le monde lui demandait, ce gouvernement vraiment fort ne voulait pas aggraver sa situation en s'appuyant sur des centre-gauchers. Il préférait que ce fût moi, un républicain assez de la veille pour n'avoir pas besoin de l'être du lendemain, qui fisse avaler à l'opinion publique la pilule écœurante de l'amnistie falsifiée. « *On m'emprunta donc mon pavillon pour couvrir la marchandise,* » et je le prêtai de bon cœur, attendu qu'en fait de pavillons et en fait de marchandises j'ai des principes d'une rigidité à vendre huit francs soixante-quinze centimes le litre de l'eau de cuivre que j'aurais introduite dans de vieilles bouteilles à chartreuse verte.

Je dois constater ici, non sans quelque amertume, que les gens qui m'avaient emballé dans cette vilaine affaire de l'amnistie me jouèrent presque aussitôt un assez vilain tour, pour lequel je leur garde un chien de ma chienne. En m'opposant à l'amnistie, je ne m'étais pas dis-

simulé que je me faisais une masse d'ennemis
de tous les exilés et déportés; mais ces ennemis ne pouvant pas venir se promener devant
le café Riche, je pouvais m'en moquer. Seulement, il arriva ceci : c'est qu'au lieu de vingt-
cinq ou trente grâces de déportés agonisants
qu'avait visés mon projet de loi, les ministres
en signèrent petit à petit un nombre relativement considérable, s'appliquant à des exilés
parfaitement valides qui, peu à peu, rentrèrent
à Paris et me firent une tête!...

Les ministres trouvaient drôle de se faire
ainsi un peu de popularité à mes dépens; si
bien que je fus absolument jobardé, puisque,
après m'avoir flanqué sur le dos la presque
complète responsabilité d'une loi destinée à
mettre à perpétuité cinq ou six cents lieues
entre mes ennemis et moi, on me les faisait
revenir tous dans mon quartier, munis à mon
égard de sentiments qui ne devaient pas se traduire par des invitations à dîner. Si j'avais pu
prévoir que je fusse lâché de cette façon par
mes alliés, j'aurais carrément voté l'amnistie
pure, de laquelle j'aurais pu au moins tirer

quelque bénéfice, plutôt que de patronner une limonade d'amnistie qui ne devait me procurer que des désagréments. Le cas échéant, on ne m'y repincerait plus.

La prochaine arrivée des premiers trains devant ramener à Paris les amnistiés ne laissait pas d'inquiéter un peu le gouvernement. Je feignis moi-même d'avoir des appréhensions, pour me donner de l'importance, comme les médecins qui froncent le sourcil en constatant un rhume de cerveau, pour avoir l'air plus tard d'avoir sauvé leur malade d'une péritonite.

Le premier convoi devait arriver à la gare d'Orléans le 3 septembre, à quatre heures du matin. Je pris les mesures les plus énergiques, et pendant toute la nuit je me promenai au milieu d'une foule que l'on « *pouvait évaluer à quarante mille hommes,* » mais que rien n'empêche non plus d'évaluer à douze cents, pour les gens qui ont l'habitude de déduire du nombre des émeutiers celui des agents de police qui s'y mêlent généralement.

J'avais tenu à me mêler à cette foule, afin de

11.

recueillir moi-même les impressions du public et de faire mon Aroun-al-Raschid. Les réflexions de mon peuple n'étaient pas toujours très flatteuses pour moi. Les gens à côté de qui je passais et qui ne me reconnaissaient pas me débinaient tous à propos de mon vote sur l'amnistie; et ceux qui me reconnaissaient me montaient des scies atroces en se criant les uns aux autres d'un ton gouailleur : As-tu vu Walder?...

L'arrivée des amnistiés eut lieu sans désordre, je dois le reconnaître. Je m'attendais à des démonstrations, à des cris séditieux, et je n'aurais pas été fâché d'avoir une bonne occasion de cueillir, au sortir de leur wagon, quelques-uns de ces égarés qui arrivaient du bagne, pour les faire conduire directement à Mazas, afin de leur éviter les inconvénients d'une trop brusque transition d'atmosphère. Malheureusement, cela me fut impossible. Ils mirent tous une certaine affection à m'enlever jusqu'au moindre prétexte de les repincer.

« *L'expression des visages des amnistiés était faite d'un mélange de résignation, de crainte et d'indicible lassitude morale,* » ce qui me paraît bien être l'attitude de gens qui se disent :

— Comme nous avons été melons de nous brûler les doigts pour essayer de tirer du feu des marrons qui, de mémoire d'homme, n'ont ja-été mangés que par ceux qui nous regardent faire !...

Bref, la rentrée s'opéra sans désordre. Les socialistes organisèrent seulement quelques réunions publiques, qui se terminaient par des quêtes en faveur des amnistiés. L'une de ces quêtes, à la suite d'un appel des plus éloquents d'un orateur vraiment irrésistible, *produisit la somme de* 26 *fr.* 50, » ce qui tendrait presque à prouver que les membres du parti communaliste avaient dû faire, depuis huit ans, une vie de polichinelle, puisqu'à eux tous ils ne pouvaient même plus réunir 27 fr., après avoir, comme on le sait par Maxime Ducamp, pillé pendant deux mois la Banque de France, le Trésor public et tous les hôtels du faubourg Saint-Germain

Je ne serais pas l'homme étonnant que l'on connaît si je terminais ce chapitre sans y introduire, à l'adresse des amnistiés, une de ces révélations insultantes dont j'ai le secret, mais à la fois assez générales pour qu'elles s'appliquent à tout le monde et assez vagues pour qu'on n'en doive compte à personne. Je dirai donc que si « *toutes les administrations publiques s'ouvrirent complaisamment aux amnistiés, la préfecture de police fut, entre toutes, la plus hospitalière. Aucun amnistié, il est vrai, n'apparut sur les registres du personnel, mais aucun n'offrit en vain ses services.* »

.   .   .   .

Sapristi!... Je m'aperçois que je viens de faire une gaffe énorme; car, de deux choses l'une : ou mes lecteurs vont croire que je mens et que j'injurie gratuitement les amnistiés en les accusant de s'être jetés, à peine débarqués, sur les fonds de ma police secrète, et alors ils vont avoir une fichue opinion de moi.

Ou ils vont ajouter foi à mon récit, et dans ce cas ils ne peuvent manquer de se dire :

— Nous comprenons maintenant pourquoi le gouvernement ne voulait que de l'amnistie partielle et facultative... C'était pour pouvoir n'amnistier que les mouchards.

XXVII

Interpellations municipales.

Pendant les deux années que j'ai occupé le poste de préfet de police, le clou de mon administration a toujours été l'antagonisme entre MOI et le conseil municipal. Dès le début, nous nous sommes regardés comme deux chiens de faïence, lui considérant le préfet de police comme son balayeur à gages, moi considérant le conseil municipal comme un vulgaire syndicat de ramasseurs de bouts de cigares desquels je n'avais ni ordres, ni observations à recevoir. Du premier jour, la situation fut horriblement tendue, et du premier jour j'affectai de faire résolument comprendre à ces marchands de paillassons que je voulais

être maître chez moi, ma devise ayant toujours
été la séparation de la police et de l'État.

C'était ce principe sacré qu'il s'agissait de
faire prévaloir à tout |prix, chaque fois que les
« *élus des quartiers de Paris voulaient essayer
de me soumettre à la condition précaire de subordonné,* », en me demandant des comptes.

A chaque instant, ces braves boutiquiers
avaient l'outrecuidante prétention de me
mettre sur la sellette. Un jour, c'était un certain M. Morin qui me demandait pourquoi la
police n'avait pas pris des mesures énergiques
pour débarrasser les rues des filles galantes. A
ce pudibond édile je voulus bien répondre
d'un ton léger que le conseil municipal me
semblait bien difficile à satisfaire, puisqu'il se
plaignait avec une égale vigueur quand mes
agents des mœurs arrêtaient les honnêtes
femmes et quand ils laissaient circuler les
autres.

Un autre jour un autre marchand de paillassons, M. Henry Maret, m'interpellait parce
qu'un commissaire de police de la rue des
Épinettes avait fait enlever comme séditieux,

le jour de la fête du 14 juillet, un drapeau tri-
colore paré du bonnet phrygien. M. Henry Maret était un excellent homme, à qui je ne connaissais d'autre défaut que d'avoir porté des
cheveux d'homme des bois quand il n'était que
journaliste. A l'époque dont je parle, il les portait déjà moins longs, parce qu'il était devenu
conseiller municipal ; ils sont encore plus
courts aujourd'hui qu'il est député, et s'il de-
venait ministre, il les ferait tailler en brosse.
Mais, si d'aventure Henry Maret était élu président de la République, il se croirait certainement tenu de devenir chauve. Je crus également devoir répondre spirituellement à ce
Samson, qui avait de l'esprit jusqu'au bout
des cheveux, et qui ne se les laissait rafraîchir
par Dalila qu'à bon escient et par étapes rai-
sonnées.

— Citoyen, lui dis-je, je suis absolument de
votre avis en ce qui concerne les emblèmes
dits séditieux. Nous vivons d'ailleurs à une
époque où tout le monde devrait avoir en ces
matières une tolérance d'autant plus grande
qu'il n'est guère facile de faire un pas dans la

rue sans apercevoir encore sur les monuments publics des aigles impériales ou autres saletés du même calibre. Ainsi, regardez au fronton de l'Élysée, et vous verrez le blason impérial ; allez voir dans la cour de mon hôtel de la préfecture de police, vous verrez au fronton des fenêtres les N couronnés. Il serait donc très naturel que mes commissaires de police, qui ont assez d'estomac pour contempler sans vomir les emblèmes de l'Empire, ne fussent pas davantage pris de haut-le-corps à la vue d'un insigne républicain ; mais qu'est-ce que vous voulez? c'est dans le sang, et «*je ne puis vous* » *donner la satisfaction de blâmer le commis-* » *saire de police* » que vous dénoncez, car « *il* » *a obéi à une circulaire de* 1872 ». C'est déjà bien joli de sa part de ne pas avoir été en déterrer une de 1852.

Puis venait le tour de M. Jules Roche, qui me cherchait une véritable querelle d'Allemand en me reprochant d'avoir autorisé les débits de boissons à rester ouverts jusqu'à deux heures du matin et les théâtres à ne terminer leurs spectacles qu'à minuit et demi.

J'avoue que je ne me serais pas attendu à un reproche de cette nature, surtout de la part de M. Jules Roche. Il faut convenir que, pour un farouche républicain, il me cirait la planche d'une façon bien complaisante en se faisant contre moi, préfet de police, un grief de mon libéralisme et de ma tolérance.

Je n'eus garde de manquer une si belle occasion de faire passer M. Jules Roche pour un affreux autoritaire, et je fis en faveur des mastroquets et des cafés-concerts, que M. Jules Roche voulait faire fermer à neuf heures du soir, une sortie que n'eût pas désavouée Félix Pyat lui-même.

— Comment, citoyens, m'écriai-je, c'est vous qui me faites un crime de desserrer la boucle des vieux règlements despotiques !... Où allons-nous ?... Pourquoi voudriez-vous que je forçasse les citoyens à se coucher quand ils n'ont pas envie de dormir, et que j'imposasse aux théâtres l'obligation d'avoir confondu le traître et marié Gabrielle à minuit moins dix, pour faire plaisir à Francisque Sarcey ensommeillé ? En quoi est-il donc plus dangereux pour la sécurité publique que les citoyens continuent à boire des bocks la nuit, en pleine lumière, dans les établissements ouverts franchement à tous, au lieu d'aller se tapir, comme ils le faisaient autrefois, dans les sombres sous-sols d'estaminets louches, entr'ouverts sournoisement à des clientèles spéciales et plus ou moins... catholiques ! Je suis surpris, messieurs, que ce soit moi, le préfet de police, qui sois forcé de vous rappeler, vous les élus du peuple, aux vrais principes de la liberté, sans lesquels une grande nation ne saurait... etc., etc.

Il y en avait comme ça une enfilade à faire sortir Delescluze de son tombeau.

J'eus un succès fou, surtout quand je déclarai effrontément que non seulement je continuerais à autoriser les cafés à rester ouverts jusqu'à deux heures du matin, mais que mon intention était encore d'arriver *à la suppression pure et simple de toute réglementation en ces matières*, c'est-à-dire de revenir au droit commun, qui est pour tous les mortels de manger quand d'autres dorment et de dormir quand d'autres mangent.

Cette sortie démagogique fit un si bon effet sur l'opinion publique qu'un instant je me demandai si je ne venais pas de trouver ma véritable voie et si je ne ferais pas mieux pour ma gloire de renoncer à la préfecture de police pour faire une campagne dans *l'Intransigeant* pour la défense de la liberté des citoyens. Mais cette buée de popularité malsaine se dissipa vite, et je repiquai de plus belle dans les principes réparateurs de l'arbitraire et du bon vouloir, pour leur demander de raffermir mon âme de policier, un instant ébranlée par les attouchements sacrilèges de la justice et du bon sens.

XXVIII

Au pavillon de Flore. — M. Benjamin Raspail.

Le sénat ayant repris la salle du Luxembourg, le conseil municipal, alla siéger au pavillon de Flore. Ce déménagement ne contribua pas peu à augmenter la morgue de ces grotesques charcutiers, qui, se voyant logés dans une belle salle, avec de belles banquettes autour d'une belle tribune, ne mirent pas un quart d'heure à se persuader qu'ils étaient les premiers moutardiers du... peuple.

Tout contribuait d'ailleurs, dans le décor de cette salle, à échauffer les cervelles de ces soixante Étienne Marcel en colle de pâte durcie. Des toiles de maître l'ornaient, représentant les épisodes excitants de la prise de la Bastille, d'émeutes triomphantes et de fraternisation des soldats avec la populace. Cette décoration, il faut en convenir, avait quelque chose de bien capiteux, surtout pour des ébénistes déjà disposés à se prendre au sérieux comme grands hommes. Aussi voyait-on chaque conseiller, en entrant là-dedans, se pousser un col énorme, aller étudier dans les glaces le mouvement du *Mirabeau* de Truphène et revenir s'asseoir à son banc en disant : c'est nous qui *sont* l'Assemblée nationale !...

On comprendra sans peine que, montés et surexcités par la mise en scène d'une tribune en acajou verni avec sonnette en bronze d'aluminium et verre d'eau en baccarat, nos édiles, installés au pavillon de Flore, ne devaient pas tarder à *nous la faire* à la Convention. Cela ne se fit pas attendre ; la première chose qu'ils firent fut de se voter des insignes — comme les députés — et des médailles — également comme les députés.

Je serais fortement tenté, à ce propos, d'introduire dans ces mémoires la réflexion suivante, qui fait toujours bien sur les esprits et même sur les imbéciles :

« *Chaque fois qu'elle a saisi le pouvoir, la*
» *démocratie n'a point dédaigné ces hochets de la*
» *vanité.* »

Mais je me retiens d'écrire cette gruerie,
dans la crainte qu'il se trouve par hasard
parmi mes lecteurs un homme intelligent qui
me réponde : 1° que ma critique n'a pas
l'ombre du sens commun, attendu qu'une médaille professionnelle que l'on a dans sa poche
n'est pas plus un hochet de la vanité qu'une
carte de membre de la Société protectrice des
animaux ; 2° que, cette médaille fût-elle même
un hochet de la vanité, il ne m'appartiendrait
guère de la blaguer, à moi qui me suis flanqué
sur l'estomac, pendant quinze ans, un tas
d'insignes de grand... je ne sais quoi de la
franc-maçonnerie; à moi surtout qui ai fait
pouffer de rire l'Europe tout entière en me dé-
corant avant d'être consacré par l'*Officiel*.

Ce n'était pas assez pour moi, paraît-il, d'a-
voir à mes trousses le conseil municipal de
Paris; il allait me falloir encore compter avec
un autre conseil, composé dés mêmes éléments

et renforcé d'un certain nombre de maraîchers de la banlieue. J'ai nommé le conseil général. Un des membres de cette assemblée mi-épicerie, mi-légumes, M. Benjamin Raspail, m'interpella violemment au sujet de la composition de mon personnel, sur lequel il avait réuni de nombreuses notes et qu'il accusait d'être en partie composé de bonapartistes. M. Benjamin Raspail me sommait d'épurer à force et de balayer ces « écuries d'Augias ».

Selon mon habitude, je répliquai poliment au conseil général qu'il me faisait suer, et que d'ailleurs je n'avais de compte à rendre à personne du choix de mes agents.

Sur cette réponse, empreinte d'un sentiment de conciliation que personne ne contestera, je l'espère, les quincailliers de Paris, réunis aux marchands d'artichauts de la banlieue, m'offrirent séance tenante un superbe ordre du jour de blâme, qu'ils votèrent par 39 voix contre 7.

Je ne me rappelle plus au juste les termes de cet ordre du jour, mais c'était quelque chose dans ce goût :

« Le conseil général du département de la
» Seine, écœuré de voir la police de la Répu-
» blique faite encore après huit années par les
» mêmes argousins que l'Empire avait dressés
» contre les républicains, blâme le préfet de
» police et passe à l'ordre du jour ».

L'Arc de Triomphe recevant une fiente d'hi-
rondelle sur sa plate-forme n'est pas plus
impassible que je ne le fus en recevant cet
ordre du jour en pleine poitrine. Je n'avais du
reste rien à craindre, sachant ce que faisait
d'ordinaire le gouvernement de ce genre
d'excommunications.

En effet, le lendemain un décret du Président
de la République annulait comme illégal cet
ordre du jour, ce qui me contraria un peu dans
les projets d'avenir que j'avais formés pour ce
document qui était rédigé — je l'avais remarqué
— sur un superbe papier à la fois moelleux et
résistant.

XXIX

**Chute du cabinet Waddington. — Préfecture
de police et sûreté générale.**

Si, de mon côté, j'étais assez heureux et
sortais toujours vainqueur des interpellations
qui m'étaient adressées, soit à l'aide d'ordres
du jour de confiance que je collectionnais glo-
rieusement, soit en dépit d'ordres du jour de
blâme que le gouvernement cassait à la mé-
canique au fur et à mesure qu'ils étaient votés;
il n'en était pas de même du ministère Waddington, qui, moins heureux, — mettons :
moins adroit, pour rester dans ma note, —
qui, moins habile que moi, disais-je, s'émiettait
petit à petit et finit par tomber complètement
discrédité.

Ce fut M. de Freycinet qui fut chargé de
composer un cabinet. Je n'allongerai pas ces
mémoires de la liste des noms du nouveau mi-

nistère; c'est inutile, ils n'y sont pas pour assez longtemps. Je consignerai seulement que M. Lepère restait à l'intérieur; seul ce détail a son importance ici, car c'est avec ce dernier ministre que j'allais m'empoigner, et raide!

Voici la chose : Voyant le ministère en remaniement, je m'étais dit, avec cet esprit pratique qui me caractérise : Tiens... c'est peut-être le moment, pendant que tout est sens dessus dessous, de chaparder quelque chose dans le tas! Ce quelque chose, que je guignais depuis fort longtemps, c'était tout simplement l'adjonction de la sûreté générale à MA préfecture de police.

J'étais allé trouver M. le Président de la République pour lui expliquer tout mon système; je lui avais exposé entre autres choses que « *l'intérêt de la sécurité publique exigeait la* » *concentration des services de police en une seule* » *main* », que les moyens d'action dont je disposais étaient un sûr garant de..., etc..., etc..., que le travail fait à deux amène fatalement à des tiraillements qui... que..., etc..., etc..., que l'unité en toute chose est la meilleure des...

etc..., etc..., qu'en confiant tout le pouvoir à un seul fonctionnaire, on évitait les... etc..., etc..., enfin tout ce que peut honnêtement dire à son patron un employé qui va lui demander de reporter sur lui seul une partie de l'autorité et des appointements de tous ses camarades.

La différence qu'il y a entre M. Grévy et le patron en question, c'est que le patron, qui est responsable et qui paye, répond : oui, ou non, à l'employé... encombrant, selon qu'il y voit ou n'y voit pas son intérêt, tandis que le président de la République, lui, répond généralement : oui, à tout ce qu'on lui propose, alors même qu'il le trouve ridicule, sachant bien que cela n'engage à rien ni lui ni personne.

Ce fut ce que fit M. Grévy pour moi en cette circonstance. Il donna tranquillement son approbation à tous mes plans et se montra même si encourageant que j'avais envie, pendant que j'y étais, de lui proposer de me charger, indépendamment de la sûreté générale, de la direction du timbre et de l'enregistrement, du monopole des allumettes, de l'administration

du théâtre de l'Opéra et de la régie des an-
nonces du *Journal officiel*.

Je quittai l'Elysée enchanté et croyant mon
affaire dans le sac. Il ne me restait plus qu'à
convaincre les ministres. Une misère !... — Je
leur exposai, à eux aussi, tout mon système de
centralisation, qui avait énormément de bons
côtés, c'est indiscutable. J'appelai surtout leur
attention sur les avantages immenses que l'on
obtiendrait en me chargeant de la police politique de toute la France, pour la découverte
des sociétés secrètes qui existaient, et la fabrication des complots qui n'existaient pas.

Et ce que je leur disais était exact. « *Le directeur de la sûreté générale et le préfet de police
ont chacun leur police secrète.* » Eh ! bien ! j'ai
eu l'occasion de constater en différents cas que
le « *même agent servait les deux administrations
en recevant double salaire.*

Bien mieux... « *J'ai vu, de mes yeux vu, entre
les mains du prince Orloff, un rapport, semblable
à celui que m'avait adressé le même jour un de
mes agents secrets.*

Ce n'est pas, bien entendu, pour faire une

réclame à mes agents que je les montre à mes lecteurs vendant leur même travail trois fois, — dont une à l'étranger, — mais j'ai voulu prouver à quel point il était devenu utile qu'une seul main — n'importe laquelle... des deux miennes — concentrât tous les services d'une police secrète qui coûtait à la France juste ce qu'elle rapportait en renseignements précieux à la Russie et à l'Allemagne.

Je parvins sans peine à convaincre tous les ministres, sauf un; — malheureusement, c'était le bon.

M. Lepère, qui était à l'intérieur, avait naturellement dans son service cette fameuse sûreté générale qui m'avait relui dans l'œil. Il défendit son morceau et l'emporta. Je ne lui en veux pas. A sa place j'en eusse fait autant l'intérêt de la patrie avant tout.

XXX

**M. Hyrvoix et M. Lagrange. — La conspiration
de la lorgnette.**

Dans le chapitre précédent, j'ai parlé des rivalités qui ont toujours existé entre la police de la préfecture et la police du ministère de l'intérieur ; je ris, rien qu'en y pensant, des bons tours que j'ai joués avec mes agents, à ceux de la place Beauvau. Seulement, le plus gai, c'est que je faisais espionner les hommes du ministre avec l'argent que ce dernier me donnait. A la fin du mois, je lui passai mon compte. — Mois de… tant…, il n'y voyait que du feu. Suis-je un gaillard, hein !

Cela me remet en mémoire un *ana* qui a traîné dans toutes les brasseries, il y a vingt-cinq ans, et qui n'a pas plus de raison de figurer dans l'histoire de MA préfecture que n'en aurait l'épisode de la culotte du roi Dagobert.

Je l'y fourre néanmoins, pour faire bouffer un peu ces mémoires étonnants, que j'ai promis de faire durer au moins six mois et dont les chapitres étiques ont des efflanquements qu'il me devient de plus en plus difficile de dissimuler à mes lecteurs.

Voici donc l'histoire de la conspiration dite de la lorgnette :

Cela se passait sous l'empire. M. Lagrange était chargé comme moi du service politique à la préfecture, M. Hyrvoix dirigeait la police particulière des Tuileries. Le principal travail de ce dernier consistait à faire un tas de fumisteries aux agents de M. Lagrange, quand ceux-ci filaient Napoléon III pour le compte de l'impératrice dans ses escapades amoureuses à l'Élysée-Montmartre. Hyrvoix et Lagrange faisaient, on le voit, un noble métier.

Lagrange se faisait rouler à tout coup par Hyrvoix qui réussissait toujours à introduire son souverain dans les maisons suspectes, en l'affublant d'un tas de déguisements épatants. Un jour, Hyrvoix se travestissait lui-même en charbonnier, et, portant son maître sur son

dos dans un grand sac à charbon, entrait tranquillement chez la Bellanger, pendant que Lagrange faisait le pied de grue devant la porte
de l'hôtel et n'y. voyait que du feu. Une autre
fois, Hyrvoix faisait mieux encore : déguisé
en camionneur de la compagnie P. L. M., il
arrivait devant la belle à Badingue, où il trouvait naturellement Lagrange faisant le guet,
habillé en commissionnaire, et il se faisait effrontément donner un coup de main par Lagrange pour décharger et rentrer sous la porte
cochère une fausse pièce de vin dans laquelle
— je n'ai pas besoin de le dire — il avait préalablement enfermé l'homme aux desseins et à
la vessie insondables.

Toujours jobardé par Hyrvoix, Lagrange
sentait son prestige s'effondrer; il essaya de re-
conquérir son influence en fabriquant des
complots qu'il découvrait le lendemain. Un
jour, il se fit présenter à une certaine dame
Floriani, qu'il savait affiliée aux républicains
conspirant à Londres, et, se faisant passer
pour un richissime nihiliste, il offrit toute sa
fortune à qui délivrerait la France de l'empire.

La Floriani prit d'abord l'argent et promit de faire fabriquer sans retard une lorgnette-mitrailleuse, au moyen de laquelle il serait facile de foudroyer l'empereur dans sa loge à l'Opéra, rien qu'en ayant l'air de le regarder par curiosité; mais la Floriani, qui avait éventé la mèche de Lagrange, lla un beau soir en Angleterre avec une cinquantaine de mille francs qu'elle lui avait soutirés pour la fabrication de la fameuse jumelle, qui n'arrivait jamais.

La Floriani, cependant, qui avait le caractère assez gai, n'avait pas voulu quitter Lagrange sans lui préparer un joli succè, afin de faciliter son avancement. Avant de partir, elle avait dit un matin à Lagrange :

« La lorgnette est prête; elle arrive de Londres demain matin; seulement, comme la caisse est un peu lourde, ça coûtera vingt-cinq mille francs pour le port. »

Lagrange allongea sans sourciller les vingt-cinq mille francs et alla prévenir Piétri, que le mercredi suivant, un des conjurés devait se trouver aux fauteuils d'orchestre de l'Opéra, muni de la lorgnette régicide.

13.

Au jour dit, Lagrange mit sur pied dix mille agents et, au moment où l'empereur entrait dans sa loge, un homme assez bien mis se leva et braqua une jumelle en cuir bouilli sur Napoléon III. En une seconde, il sentit quatre mains s'abattre sur lui. C'étaient Lagrange et Hyrvoix qui sauvaient la France, — car la Floriani, avant de partir, avait également vendu à Hyrvoix, et moyennant pas mal de mille francs, le secret de la lorgnette, qu'elle avait déjà vendu à Lagrange.

Alors l'inconnu, sans paraître le moins du monde surpris, remit en souriant sa lorgnette à Lagrange et à Hyrvoix, en leur disant :

— Espèces de daims!... elle m'a coûté treize francs dans le passage Jouffroy, et la Floriani et moi nous vous l'avons fait payer quatre-vingt-cinq mille ; quand vous en voudrez une autre au même prix, ne vous gênez pas !...

Horriblement vexés d'avoir été joués de la sorte par une aventurière, Hyrvoix et Lagrange sortirent furieux, et se mirent à la recherche de la Floriani, qui ne les avait pas attendus, comme on le pense bien. Elle n'avait pas fait comme la lorgnette : elle était partie !...

J'ai raconté cette histoire, qui n'a pas le moindre rapport avec mon administration, afin de tirer — d'abord à la ligne — ensuite cette conclusion que mes prédécesseurs n'étaient pas beaucoup plus malins que moi, puisqu'ils se faisaient rouler comme des collégiens par des figurantes de Bobino, qu'ils prenaient pour des veuves de comtes italiens.

Cette aventure me remet en mémoire pareille anecdote, qui a autant de droit que la précédente à figurer dans mes mémoires, puisqu'elle date du onzième siècle. La voici :

Louis VI, dit le Gros, avait un prévôt de police qui, lui aussi, était très fûté. Un jour qu'il avait besoin d'une gratification, il se mit en tête de découvrir un complot contre la vie de son roi. Déguisé en écuyer du cirque Fernando il fit la cour à une noble étrangère qu'il savait au mieux avec les anarchistes du temps. La séduisante créature, qui était en réalité une chiromancienne tzigane des Batignolles, fit ce que devait faire plus tard la Floriani : elle devina le policier, feignit des transports amoureux à tout casser et, dans un suprême baiser, elle se laissa arracher — pour deux cent mille livres — le terrible secret de ses complices.

L'un d'eux, pharmacien de première classe, avait construit un irrigateur dont le double fond était chargé de dynamite. Cet irrigateur devait être offert par le peuple à son roi le jour de sa fête, et les anarchistes, qui connaissaient à peu près, par le concierge du palais, — affilié à l'Internationale, — les habitudes intimes du monarque, comptaient bien qu'un jour ou l'autre Louis VI, dit le Gros, éprouverait le besoin d'atténuer les défauts de sa constitution en conjurant, par quelques avances opportunes, les dissensions intestines dont il était menacé.

Le 25 août — jour de la Saint-Louis — arriva. Une députation de plus de cent mille citoyens se mit en marche pour se rendre au palais du roi. En tête, quatre des conjurés portaient sur leurs épaules une châsse dorée contenant le fameux irrigateur enrubanné. Ils étaient précédés d'une immense bannière sur laquelle on lisait ces mots : « Ventre libre ou mourir ! »

Au bruit que faisait cette manifestation en approchant du palais, Louis VI, dit le Gros, s'était mis à son balcon, avec toute sa famille, et ce fut avec une véritable émotion qu'il reçut de son peuple cette preuve de dévouement si intime et si touchante.

Sur les conseils de la reine, qui fit observer au roi qu'il ferait peut-être bien de faire plaisir à ces braves gens en essayant le machin tout de suite, devant eux, Louis VI avait déjà fait un mouvement, dont l'intention ne laissait aucune prise à l'équivoque, quand mon prédécesseur, le prévôt de police, qui guettait le moment opportun, arracha l'irrigateur des... mains du roi, en s'écriant : « Arrêtez, Sire !... on veut vous tirer un feu d'artifice dans les boyaux !... » Séance tenante, l'irrigateur fut examiné par des experts qui n'y trouvèrent rien d'extraordinaire, ni double fond, ni dynamite. Seul, un petit papier plié en quatre et attaché au robinet vint tout expliquer. Il contenait ces mots :

« Sire... votre prévôt de police est une
» courge!... Nous vous engageons à lui
» donner, comme avancement, une place
» d'homme-sandwich dans une compagnie de
» publicité ambulante. »

Cette aventure du onzième siècle, qui se rat-
tache à mes mémoires comme le massacre de
la Saint-Barthélemy à la réouverture de l'Hip-
podrome m'en rappelle une autre de même
nature, qui s'est déroulée sous le règne de
Caïus Caligula, an 37 de J.-C.; mais, comme
mon feuilleton est fini, — et que c'était tout
ce que je voulais, — je ne vous la raconte pas.

C'est dommage, parce que celle-là m'en aurait certainement rappelé une autre très drôle,
arrivée sous Numa Pompilius, et que celle-ci
n'eût pas manqué de me remettre en mémoire
une fameuse histoire dont Moïse fut le jo-
bard, etc., etc. — Mais je dois renoncer à ce
plaisir; j'ai tant de choses intéressantes qui
me concernent à raconter à mes lecteurs que
c'est à peine si je puis consacrer trois chapitres et demi sur quatre au récit de choses qui

n'ont aucun rapport avec le cadre de cet ouvrage.

XXXI

Les agents provocateurs.

On a vu par le récit qui précède du complot de la lorgnette et par celui de l'irrigateur à percussion centrale que mes prédécesseurs employaient systématiquement, pour les besoins de la politique, des agents provocateurs. L'empire surtout avait fait une assez forte consommation de ces auxiliaires de choix, qui excellaient à fabriquer des complots à la veille de chaque période électorale, pour faire trembler les bons électeurs et rassurer les mauvais députés.

La liste serait trop longue de tous ces hommes d'élite que Napoléon III employait à peindre avec art en bombes Orsini des œufs de poule frais pondus, pour affoler les masses plé-

bisciteuses. Je me contenterai d'inscrire à ce
tableau d'honneur les noms des notables roussins. « *Tavenet dit Bellevue,* Charles *Marchal
dit de Bussy, Largillères* et *Stamir* », qui furent
pendant quelque temps les quatres Mousque-
taires de l'empire.

Est-il besoin de dire que ce système de provocation répugnait à ma nature franche et délicate, et que sous mon administration jamais,
au grand jamais, je ne voulus employer de tels
moyens ? Mon Dieu ! je ne prétends pas dire
que je fus un petit saint et qu'il ne m'arriva pas
comme à tout le monde — de ce monde-là —
de faire affilier quelques-uns de mes agents
dans des sociétéss secrètes pour mieux savoir
ce qui s'y passait. Je ne me défends pas non
plus d'avoir « *subventionné certains journaux,
et les avoir fait servir à la fois d'organes aux
partisans de l'action révolutionnaire et de* souricières *à la police* ». Je ne ferai pas davantage la bégueule en niant qu'il me soit arrivé
souvent, « *pour obtenir des révélations, de
prendre à ma solde des individus engagés dans
la préparation d'une action criminelle* » ; mais,

en dehors de ces expédients, tous empreints de la loyauté la plus parfaite, on m'aurait coupé en soixante-seize morceaux plutôt que de me faire employer des moyens malhonnêtes. Je voulais bien organiser des *souricières* pour y prendre les républicains, mais leur tendre des pièges, jamais ! Il y a une nuance !... Je ne la saisis pas très bien moi-même, mais je compte sur la stupidité de mes lecteurs pour y suppléer.

Je dois dire que dans ce que j'ai épluché de l'administration de M. Lombard je n'ai trouvé aucune trace d'agents provocateurs. Comme MOI, cet agent intègre répugnait à de tels procédés.

Je n'en donnerai pour preuve que ce fameux comité socialiste qu'il créa à Saint-Denis pendant une période électorale pour *agiter de vant les campagnes le classique « spectre-rouge »* et faire triompher le candidat officiel.

Le comité Lombardo-anarchiste, ou anarchico-lombardiste, au choix, afficha une proclamation revendiquant : la suppression du budget des cultes, l'expulsion des jésuites et la réforme de l'impôt. A cette époque il paraît

14

qu'un pareil programme suffisait pour affoler les ruraux, aujourd'hui, il paraîtrait bien fade car si un préfet de police voulait créer un comité rouge pour épouvanter les populations, il faudrait qu'il commandât à un bon faiseur un programme anarchiste revendiquant au moins la suppression du capital et de l'héritage, l'égalité de la taille humaine et le partage égal des climats doux et tempérés entre tous les citoyens de la terre. — De nos jours on n'effraierait plus les conservateurs à moins.

M. Lombard, dont je ne saurais trop chanter les louanges, avait dû réorganiser tout son service politique, absolument disloqué depuis le 4 Septembre. C'était dommage, car ce service, sous l'empire, était fort serré et très homogène. Mais M. Lombard ne risquait rien et n'avait pas besoin de se faire de bile quant au regroupement de ce personnel d'élite un instant dispersé. Un mouchard, c'est comme une femme légitime : ça se retrou-ve, retrou-ve toujours. De même certaines mouches spéciales qui bourdonnent et s'abattent sur certaines proies, spéciales aussi, peuvent se disperser un instant à quelque bruit inattendu qui les a troublées, mais pour revenir toutes, une fois le bruit éteint, à la prole dont le parfum les attire ; de même les mouchards qu'une révolution a mis en déroute pendant un instant ne s'éloignent jamais beaucoup et reviennent toujours, l'orage passé, tournoyer au-dessus de leur pâture naturelle, n'attendant qu'un moment de calme et de silence pour s'y poser de nouveau.

Les choses se passèrent ainsi de point en point. M. Lombard n'eut que l'embarras du choix. Désireux de n'avoir affaire « *qu'à un personnel intelligent et instruit, il s'adressait de préférence aux journalistes* ». Je suis très heureux de cette occasion qui m'est fournie de dire en passant quelque chose d'aimable aux journalistes, qui m'ont souvent bien malmené. Cela leur prouvera que j'ai une grande âme. Ce qui m'est surtout particulièrement agréable c'est qu'en disant à mes lecteurs, d'un ton indifférent, que M. Lombard s'adressait de préférence aux journalistes pour en obtenir des délations et des trahisons, je laisse à chacun le loisir de penser

que les trois quarts et demi de la presse émargeaient aux fonds secrets.

Aussi me garderai-je bien, — la loyauté avant
tout — d'essayer de détruire cette excellente
impression en publiant, comme on serait en
droit de l'attendre de moi, les noms des journalistes vendus à la police de M. Lombard. Pas
si bête !... ce serait donner en même temps
les noms de ceux qui ne l'étaient pas.

Je nommerai simplement, par manière d'ac-
quit, ce « *malheureux Puissant qui fut* BRULÉ
par la Lanterne ». Ce qui me permettra d'ajouter, en clignant de l'œil de l'air d'un homme
qui aurait gros à dire s'il voulait parler :

« ... *Sans compter* TANT D'AUTRES *qui ont eu un
sort plus heureux, et dont je garde les noms dans
le tombeau des secrets.* » Et l'on sait si mon
tombeau des secrets est profond !

De cette façon, je ne dis rien et je laisse sup-
poser tout le reste ; ce qui est la seule manière
de s'en tirer quand on veut faire durer longtemps des révélations et qu'on n'a rien du tout
à révéler.

J'espère également piquer, — sans la satisfaire davantage, bien entendu, — la curiosité
de mes lecteurs et de mes lectrices, en leur
confiant dans le tuyau de l'oreille que M. Lombard employait aussi à moucharder les hommes
publics certaines femmes qui ne l'étaient pas
moins. J'ai en ma possession, naturellement,
les noms de ces charmantes personnes; mais
je les garde également dans le tombeau des secrets, parce que je tiens absolument à ce qu'on
dise plus tard de moi :

« Cet homme prodigieux sut captiver l'attention publique pendant plus de six mois en
écrivant des mémoires dont chaque chapitre
commençait par ces mots : *Je trouve dans mes
notes un détail bien intéressant*, et se terminait
par ceux-ci : *Mais je le garde pour moi.*

Cependant, je suis trop juste pour ne pas
comprendre que je dois tout de même à mes
lecteurs quelques petites confidences piquantes
de temps à autre. Je terminerai donc ce chapitre en leur disant, — c'est très grave, — que
les « *agents secrets viennent le moins souvent*

14.

possible à la préfecture », par la raison assez
simple que, si l'on ne voyait qu'eux entrer et
sortir de cet établissement, ils ne seraient
bientôt plus des agents secrets.

Je révélerai aussi que les agents secrets sont
numérotés, et numérotés irrégulièrement, sans
doute pour faire illusion sur leur nombre, ce
qui n'est pas bête, car « *on ne saurait trop persuader au public que la police a les yeux et les
mains partout. La crainte de la police est le
commencement de la sagesse* ».

Je suis très fier de cette dernière phrase,
parce que je m'aperçois qu'elle n'a pas d'envers et que l'on peut tout aussi bien prétendre
que la crainte de la sagesse est le commencement de la police.

XXXII

Devant mes juges.

Mes lecteurs se souviennent peut-être qu'il y a quelques jours j'ai dit que, pour cesser d'être franc-maçon, il ne suffisait pas de sortir de la franc-maçonnerie sans saluer ; qu'il fallait un jugement régulier qui vous déliât.

Eh bien !... v'lan !... ça y est !... Je viens de recevoir mon assignation à comparaître devant les F.·. de l'Orient de Lyon, comme prévenu du délit de violation du serment maçonniqne.

On m'informe que mes doux juges se réunissent aujourd'hui même, mercredi 1ᵉʳ février, et les T.·. C.·. F.·. me préviennent que, si je ne me présente pas, il y a un certain paragraphe II d'un certain article 5 de certaines dispositions judiciaires dont je leur dirai des nouvelles.

Enfin, cette fois, je crois que je tiens mon *clou!*... Si les T.·. C.·. F.·. m'empoignent et que

les revues de fin d'année s'en mêlent un peu,
mes *Mémoires* sont sauvés !... Par Notre-Dame
del Pilori, il était temps !.. Merci, mes doux
juges !

En me faisant passer en jugement, mes
T∴ C∴ F∴ de l'Orient de Lyon ne peuvent
pas se douter du service qu'ils me rendent. Si
j'ai le bonheur d'être condamné, — comme
l'exigent les statuts de l'ordre, — à « *avoir la
tête tranchée, la langue arrachée et le corps jeté
dans les vagues de l'Océan* », ça va faire un
potin de tous les tremblements, et c'est pour
moi de la copie sur la planche — tiens! « la
planche ∴ », c'est un mot pour au moins
quinze jours.

Ils veulent, les T∴ C∴ F∴, que j'aille me
faire juger à Lyon à huis clos, comme un
grand benêt que je serais. Ils me disent les
T∴ C∴ F∴ :

— Que la franc-maçonnerie vous paraisse
aujourd'hui grotesque, après vous avoir pendant dix ans paru assez sublime pour en accepter les plus grands honneurs, c'est votre
affaire. Ce qu'il y a de certain, c'est que vous

avez pris envers nous des engagements et que,
si vous vous essuyez les pieds dessus, vous de-
vez rendre compte de votre conduite, non pas
devant un tribunal qu'il vous plaira de choisir,
fût-ce même celui de l'opinion publique; mais
bien devant le tribunal de la franc-maçonnerie,
dont vous avez librement accepté la compé-
tence en entrant dans l'ordre.

Moi, je réponds à mes T∴ C∴ F∴ :

— Oui, sans doute, il est toujours de très
mauvais goût — et même de très mauvaise foi
— de ridiculiser des gens quand on a eu pendant longtemps ou la naïveté ou l'hypocrisie
de prendre part à leurs usages et à leurs
croyances; mais, pour un homme bien équilibré, ce qui passe avant la correction de la
conduite, c'est la réclame que peut lui procurer un acte indélicat; or, T∴ C∴ F∴, si
vous me jugez à Lyon entre quatre murs, personne ne saura ce que je vous aurai répondu,
tandis qu'au contraire, si je porte sur la place
publique un débat que mon devoir serait, il
est vrai, d'accepter devant mes pairs seuls, j'a-
meute le public par ce scandale et à la faveur

d'un engueulement que le bon goût réprouve,
j'en conviens, j'écoule mes mémoires. Tout est
là !...

Maintenant, sur le fond du débat, je viens
dire ceci à mes T.·. C.·. F.·. :

— Je vous ai juré de ne rien révéler des mystères de la franc-maçonnerie, sous peine d'a-
voir la tête tranchée, la langue arrachée et le
corps jeté à la mer ; or, si vous considérez ce
serment comme sérieux, il doit l'être tout du
long, et, condamné comme traître, je dois
avoir la tête coupée et la langue arrachée par
vous. Êtes-vous prêts à faire cette exécution ?

Pour finir, T.·. C.·. F.·., je vous dirai ceci :
« *Vos rites et vos mystères sont surannés, démo-
dés, réformez-les,* » si vous voulez qu'on vous
prenne au sérieux. Vous savez très bien blaguer les pratiques des autres cultes ; vous avez
raison ; mais regardez donc un peu les vôtres
et dites-moi en conscience si vous trouvez
beaucoup plus cocasses les pantomines du curé
de Saint-Roch que les grimaces du vénérable.·.
de la loge du *Gâteau qui renifle.·.*

Quant à moi, je ne fais entre ces simagrées

aucune différence; par conséquent, j'attends votre excommunication majeure d'un front serein. Je tends le dos; que le grand Orient... vise un peu bas, bon accueil sera fait à sa signature.

XXXIII

L'affaire Hartmann.

A chaque instant, les journaux faisaient courir le bruit de ma retraite. J'avais saisi, pour le démentir, l'occasion de la réception de mon personnel, le 1ᵉʳ janvier 1880. Je m'étais peut-être un peu avancé, car un incident imprévu vint un instant ébranler ma situation. Je veux parler de l'affaire Hartmann.

Tout le monde se souvient qu'Hartmann, membre du nihilisme — sorte de franc-maçonnerie russe avec laquelle je ne me permettrais pas de badiner aussi légèrement qu'avec l'autre si, après en avoir été dignitaire, j'en étais sorti « sans saluer » ; — on se souvient, disais-je, qu'Hartmann avait tenté de faire sauter un train dans lequel devait se trouver l'empereur de Russie.

Hartmann avait loué une petite maison près de Moscou, à quelques mètres de la voie ferrée. Toutes les nuits, il creusait dans la neige une petite rigole qui devait conduire de chez lui jusqu'au-dessous du train impérial un fil électrique destiné, le moment venu, à mettre en communication directe... les morceaux du czar avec les champs de colza qui bordaient la voie.

Je n'ai pas à me prononcer ici sur cet... essai de décentralisation du pouvoir exécutif. Je me bornerai seulement à constater que les nihilistes sont pourvus d'un certain toupet que l'on trouve chez très peu d'escargots, même des pays plus chauds, et qu'ils emploient pour leurs revendications politiques et sociales des moyens un peu vifs quand il leur serait si simple de demander ces réformes au suffrage universel, — s'ils l'avaient...

Mais là n'est pas la question, ça nous entraînerait trop loin.

Hartmann avait péniblement mené son travail jusqu'au bout. Tout était prêt... le train n'avait plus qu'à passer au-dessus de la boîte contenant de la dynamite, et Hartmann n'avait plus qu'un bouton à pousser de chez lui pour que s'accomplît cette intéressante partie de *pigeon vole !*... lorsqu'une circonstance imprévue vint faire échouer son plan. L'empereur avait inopinément changé de train à la station précédente et Hartmann, — aiguilleur macabre — qui avait projeté d'aiguiller le train impérial en lui faisant quitter la voie ferrée pour la voie lactée, ne fit sauter qu'un train de bestiaux. Des *Te deum* d'action de grâces furent chantés par les hommes en l'honneur de cette méprise providentielle ; mais on n'a jamais su ce qu'en pensaient au juste les pauvres bêtes inoffensives et douces ayant payé de leur vie une erreur grossière qui les avait fait confondre avec une cour impériale.

Son coup manqué, Hartmann n'eut plus qu'à fuir, pour échapper à la police russe et à la pendaison. Il réussit d'abord à passer en Turquie, puis il vint se fixer en France, car il

avait entendu dire que ce pays hospitalier
était incapable de livrer un homme accusé
d'un crime politique. On ne l'avait pas trop
mal renseigné, comme nous allons le voir par
la suite.

Je m'examinerai pas les différentes versions
qui se produisirent à propos de l'attentat
d'Hartmann. Dans ces sortes de choses on ne
sait jamais exactement la vérité. Les uns re-
présentèrent Hartmann comme un fanatique
de mœurs austères, persuadé que son devoir
était de mettre les empereurs en hachis, mais
incapable de faire du mal à une mouche. Les
autres le montraient, au contraire, comme
une espèce d'Alphonse, se faisant offrir des
« *montres en or par des dames russes* » Tous ces
cancans n'étaient pas mon affaire ; « *mon rôle
ne commença qu'à l'arrivée d'Hartmann à Paris.* »

Comme on le pense bien, avant son arrivée, je m'étais tenu très au courant des agissements des nihilistes qui habitaient la capi-
tale. Je savais que, peu nombreux d'abord, ils
avaient leur quartier général rue des Lyon-

nais, n° 6 ; que pendant quelque temps ces farouches révolutionnaires « *semblaient plus* » *préoccupés de leurs plaisirs que des réformes* » *sociales* » et qu'ils fréquentaient beaucoup plus volontiers le bar du promenoir des Folies-Bergère que les réunions politiques secrètes.

Au début, la colonie nihiliste de Paris n'avait donc rien eu de bien inquiétant. Mais depuis 1876, c'était une autre paire de manches ; les nihilistes des deux sexes étaient devenus très nombreux et très actifs. Ils étaient presque tous fort instruits et fort intelligents, de plus très résolus. Ils se réunissaient régulièrement par groupes de quinze à vingt membres, sous la direction de chefs d'une supériorité connue, et l'on savait à n'en pas douter que les ordres du jour de leurs séances clandestines n'étaient pas exclusivement défrayés par des études sur la meilleure manière de mouiller les timbres-poste.

Je constatai également que les nihilistes avaient un sentiment de solidarité remarquable et qu'ils se soutenaient fraternellement, de quelque nationalité qu'ils fussent. Ces gaillards-là ne paraissaient pas se douter qu'il existât de frontières, et ils avaient pris pour devise ce vers de la Fontaine : Notre ennemi, « c'est notre maître ».

J'eus la preuve qu'ils recevaient fréquemment des lettres chargées de Russie, d'Angleterre, de partout... Mais ce qui me mit décidément la puce à l'oreille, ce fut d'apprendre que les nihilistes russes s'étaient petit à petit abouchés avec les socialistes français et qu'il y avait pour ainsi dire fusion entre ces différentes sectes. Pour le coup, ça ne pouvait pas durer !... Que les gouvernants de différents pays s'entendent par-dessus les frontières pour jobarder leurs gouvernés respectifs, qu'ils s'embrassent sur la bouche et échangent fraternellement entre eux jusqu'à des brevets de colonels de régiments étrangers, cela se conçoit. Mais que les gouvernés se réunissent dans une brasserie pour y échanger leurs idées sur le sort qui leur est fait par les gouvernants, jamais de la vie ! Il fallait au plus vite mettre ordre à cela ; et, sans fatuité, j'étais l'homme de la situation.

Aussitôt que je sus que les nihilistes russes menaçaient de nous gâter nos révolutionnaires français en leur suggérant l'idée de traiter la question sociale au moyen d'injections sous-cutanées à la dynamite, j'appelai l'attention du gouvernement sur ce danger menaçant.

Je portai au ministère des extraits de discours épouvantables prononcés par les nihilistes dans leurs réunions secrètes, ainsi que des coupures de leurs journaux. Il y en avait un, la *Volonté du peuple*, qui avait poussé l'audace jusqu'à publier une proclamation dans laquelle j'avais relevé l'atrocité suivante :

« *Notre tâche est de délivrer le peuple, de lui permettre de disposer de ses destinées. Si l'empereur déléguait le pouvoir à une assemblée nationale librement élue par le suffrage universel, alors nous le laisserions en paix.* »

Était-il possible — je le demande à tous les honnêtes gens de mauvaise foi — d'exciter avec plus de cynisme les opprimés contre les oppresseurs?... Était-il possible de dire plus clairement à ceux-là : « Nous sommes bien

forcés de penser aux moyens violents, puisque
les autres nous sont confisqués! » Et à ceux-
ci : « Rendez-nous nos moyens pacifiques et
nous n'aurons plus de raisons pour songer aux
moyens violents ».

Il fallait à tout prix arrêter les progrès d'une
aussi détestable théorie, laquelle, si on l'admet-
tait, conduirait infailliblement tous les peu-
ples à faire successivement leur 1789, leur
1848 et leur 1870, sous le fallacieux prétexte
que nous autres Français, nous devons à ces
trois dates seules quelques bouts de réformes
que nous attendrions encore sous l'orme, si
nous nous étions résignés à ne les devoir qu'à
la générosité de Louis XVI, de Louis-Philippe
et de Napoléon III.

Je reviens à Hartmann. Je n'étais pas seul à
le filer à Paris, — sans quoi il eût pu être bien
tranquille. — La police russe avait lancé sur
ses traces des agents secrets, autrement malins
que les miens; aussi Hartmann ne faisait ni un
pas ni un geste, ne mangeait pas une sole
normande, n'entrait pas dans un retiro à
quinze centimes, ne montait pas dans un

tramway sans que j'en fusse soigneusement averti... par la police d'Alexandre II.

Le gouvernement moscovite attachait une importance de premier ordre non seulement à l'arrestation d'Hartmann, mais surtout à son extradition. Il comprenait à quel point il était utile pour lui de démontrer aux nihilistes, chaque jour plus nombreux et plus hardis, qu'alors même qu'ils parviendraient à s'échapper de la Russie ils seraient parfaitement *repigés* dans tous les autres pays.

Pour arriver à ce résultat et pour se faire livrer Hartmann par la France — laquelle France n'avait jamais demandé à l'Angleterre de lui livrer VELOCIPÈDE père, ni à l'Espagne de lui livrer Bazaine, tous deux traîtres à leur pays — afin d'obtenir l'extradition d'Hartmann, disais-je, il s'agissait donc pour le gouvernement impérial russe de faire avouer au gouvernement républicain français que le fait d'essayer de supprimer un empereur dans l'intention de lui chiper sa montre, n'était pas le moins du monde un crime politique, mais bien un simple crime de droit commun assi-

milable aux vols à main armée. C'était un peu
raide à faire avaler, surtout à l'opinion publique qui a pris la mauvaise habitude de
juger de la nature des crimes par celle des
résultats qu'en espéraient les criminels. Beaucoup de gens, en effet, ne parvinrent jamais à
mettre dans leur sac qu'Hartmann pût être
assimilé à un assassin vulgaire, ayant le vol
pour mobile, puisqu'en essayant de faire
sauter le Czar en - onze cent quarante cinq
morceaux, il ne pouvait même pas espérer
retrouver l'argent que celui-ci avait dans ses
poches.

Tel était, j'en conviens, le raisonnement
que se tenait généralement l'opinion publique
en cette occasion; mais vous allez voir tout à
l'heure ce que j'en fis de l'opinion publique.

Le 15 février 1880, je fus prévenu par l'ambassade de Russie que les agents secrets —
(russes, cela va sans dire) — avaient découvert Hartmann. « *L'ambassade russe me demandait en même temps de le faire arrêter. Il ne me
vint pas à la pensée qu'un préfet de police, en de
telles circonstances, pût se demander quel était*

son devoir. » D'ailleurs, règle générale, il est toujours dangereux de se demander quel est son devoir parce que l'on peut tomber sur un jour où l'on est mal disposé et se répondre tout de travers que son devoir est justement de faire une chose contraire à son intérêt, ce qui est la chose la plus désagréable qui puisse arriver à un ambitieux.

Beaucoup d'autres que moi auraient peut-être été terriblement embarrassés par une semblable démarche, et je vois d'ici quelque préfet de police, plus naïf et plus timoré, se gratter le bout du nez devant les envoyés de l'ambassade russe et leur répondre :

— Fichtre !... mais... c'est vif, messieurs, ce que vous me demandez là... Ai-je bien le droit de vous livrer cet homme sur votre simple sommation ?... Vous me dites que c'est un criminel de droit commun, je veux bien le croire ; mais si d'autres que vous et moi allaient apprécier au contraire que c'est un accusé politique !... Voyez un peu dans quels vilains draps je me serais mis, non seulement moi, mais encore mon pays qui passe pour être l'esclave des lois sacrées de l'hospitalité !...

Eh bien! ces réflexions eussent attesté chez moi une timidité et un fonds de scrupule dont je m'enorgueillis d'être incapable.

Mon parti fut donc bientôt pris; je donnai l'ordre d'arrêter Hartmann. En l'arrêtant, « *je ne me prononçais pas sur l'extradition* », mais je la facilitais pour le cas, que je croyais plus que probable, où elle serait décidée par le gouvernement. Quelques casuistes m'ont reproché cet empressement à servir de chien du commissaire à la police russe.

Ils prétendent que je n'avais d'instruction à recevoir que de mon gouvernement et qu'Hartmann devait être laissé en liberté tant que la France ne s'était pas prononcée sur la légitimité de la demande d'extradition de la Russie. En effet, disent-ils, si Hartmann devait être considéré comme une accusé politique, il était inviolable en France et tant que le cas n'était pas jugé, mon devoir était de le traiter comme le premier étranger venu débarqué à Paris pour entendre chanter la Krauss.

Me faire un pareil procès, c'était chercher

des poux sur une tête de... ligne d'omnibus.
En n'arrêtant pas Hartmann sur la réquisition
de l'ambassade russe, je lui laissais la facilité
de fuir en Angleterre ou en Belgique, s'il avait
eu plus de confiance en l'hospitalité de ces
deux pays qu'en celle de la France ; or, comme
il avait de son plein gré donné la préférence au
nôtre, indiquant ainsi la haute estime dans
laquelle il le tenait, c'était bien le moins que
je pusse faire pour justifier cette opinion de le
faire jeter en prison, sans accusation régulière,
sur le simple signe d'un de mes confrères de
l'étranger.

Le gouvernement français en cette occasion, se conduisit à mon égard comme un
pignouf. Il me lâcha avec un sans-gêne que je
ne lui pardonnerai jamais. Après m'avoir laissé
m'emballer, il repoussa la demande d'extradition d'Hartmann sous le prétexte, honnête
jusqu'à l'idiotisme, que l'extradition ne pouvait être accordée pour attentats politiques et
que d'ailleurs de nombreux précédents pouvaient être invoqués, notamment « *le refus de
toutes les puissances de nous livrer en 1871 les*

membres de la Commune condamnés comme coupables de l'assassinat des ôtages ». C'était me blâmer clairement d'avoir pu un seul instant considérer la France comme une sous-préfecture de la Russie et d'avoir pensé qu'elle dût lui accorder, sur un signe des knoutiers du czar, ce que tous les autres pays lui eussent refusé, même l'Angleterre, qui n'est pas tendre ; même la Belgique et la Suisse qui ne sont pas fortes.

Je dus donc mettre Hartmann en liberté, et j'allai moi-même dans sa cellule lui notifier cette décision, qui avait pour lui un intérêt de premier ordre, car une mesure en sens contraire équivalait à la délivrance d'un billet de faveur pour la potence. Je m'étais parfaitement rendu compte de cette situation en faisant arrêter Hartmann, et c'est précisément ce qui rend à mes yeux cet acte de mon administration une des plus grandes pensées de mon règne.

Ce fut, je l'avoue, sans grand enthousiasme que je mis en liberté Hartmann pour qui j'avais rêvé les suaves jouissances d'une pendaison

bien sentie, car j'ai, en matière de délits politiques, des opinions à moi que je crois encore
plus épatantes que celles d'Ignotus, du *Figaro*.

Non seulement « *j'admets pour le crime politique les mêmes expiations que pour les crimes
de droit commun* », mais je soutiens par-dessus
le marché que, « *s'il y avait une distinction à
faire, c'est contre l'assassinat politique que la
justice devrait être armée des pénalités les plus
graves, car, plus que le crime de droit commun,
il met la société en péril et l'oblige à se défendre* ».

En effet, c'est facile à prouver. Qu'un individu, je suppose, m'assassine pour me voler
mon pardessus, — ce qui est un crime de droit
commun — il ne fait de mal qu'à moi, la société n'est pas profondément atteinte; tandis
que si, au contraire, il commet le crime politique de supprimer un empereur et de le
remplacer par une République, s'il réussit, il
fait un tort considérable à une masse de gens
qui vivaient grassement des munificences de
la liste civile impériale.

Il n'y a donc pas de comparaison à établir

16

entre le meurtre d'un simple particulier, qui
ne détruit qu'un seul homme, et celui d'un
souverain qui, laissé en vie, en eût fait tuer
plus tard plus de trente-cinq-mille à Sébasto-
pol, à Sadowa ou à Sedan. Ceci me paraît
d'une logique à désarçonner le bon sens lui-
même.

Je dois cependant noter ici un détail assez
singulier de cette entrevue. J'apportais à Hartmann, qui avait déjà la tête dans le nœud
coulant, la liberté et la vie. Je devais naturellement m'attendre à le voir se précipiter sur
mes bottines pour les vernir. Pas du tout!...
Le drôle fut froid. Il me regarda fièrement,
d'un certain air dégoûté qui me frappa. Et qui
nous eût observés, moi et lui, dans ce moment,
eût été bien étonné de voir lequel des deux
avait réellement i air de faire pitié à l'autre.

XXXIV

Réclamations.

C'était prévu : je ne pouvais espérer écrire ces mémoires sans soulever beaucoup de récriminations. Mes amis me l'avaient même dit : « Vous ne devriez les publier qu'après votre mort. »

Mais moi, j'aime la lutte, et j'ai passé outre. D'ailleurs, qu'est-ce que je risque à provoquer des rectifications? Rien du tout, au contraire.

Je raconte aujourd'hui, je suppose, que M. Croustagnol était en 1880 trésorier-payeur de la société secrète « les Jaguars de la rue Maubuée ». Ça me fait un chapitre. Demain, M. Croustagnol m'oblige à me démentir; ça m'en fait deux.

Aujourd'hui, j'aurai donc le plaisir de faire faire une partie de ma besogne par mes correspondants.

A tout seigneur tout honneur. Prenons d'a-
bord M. Alexandre Dumas fils, qui m'écrit ceci
ou à peu près :

« Monsieur,

» Je lis avec un grand intérêt vos *Mémoires
» d'un Préfet de police*, et j'en ferai certaine-
» ment un jour, si vous le permettez, une co-
» médie de mœurs. Je trouve dans un de vos
» derniers feuilletons, parmi les noms des
» agents provocateurs que vous signalez, celui
» de Charles Marchal. Charles Marchal — le
» peintre — était, de son vivant, mon ami, et
» vous devriez bien, en deux ou trois mots,
» dire à vos lecteurs que votre Charles Mar-
» chal — une canaille — n'est pas le même
» que le mien — un fort honnête artiste.

» Comme Charles Marchal — le mien — n'a
» plus de famille pour défendre sa mémoire, et
» qu'un peu de bruit à propos de bottes autour
» de son nom peut augmenter la valeur des
» tableaux de lui que j'ai dans ma galerie, vous
» m'obligeriez, etc..., etc...

» A. Dumas ».

Voilà qui est fait. Le mobile qui a poussé l'auteur de *Denise* (pas de journalistes aux répétitions générales) à m'adresser cette réclam... ation me faisait un devoir de m'exécuter de bonne grâce.

J'ai aussi une lettre de M. Benjamin Raspail, — mais moins aimable, aussi je ne la reproduis pas *in extenso*. — M. Benjamin Raspail me reproche d'avoir publié incomplètement le compte rendu de la séance du conseil général où j'ai remporté la veste que l'on sait. Je répondrai à M. Benjamin Raspail que, lorsqu'on écrit ses mémoires, ce n'est généralement pas pour fournir au public les documents qui peuvent lui servir à vous tourner en ridicule.

Je ferme pour aujourd'hui le chapitre des réclamations, sans faire mention de celles qui me sont adressées par mes ex-T∴ C∴ F∴ les francs-maçons, dont j'attends le jugement terrible qu'ils préparent contre moi, pour en faire un livret d'opérette.

16.

XXXV

Le Kulturkampf

Tout le monde sait à l'aide de quels moyens les opportunistes avaient fondé leur popularité et leur fortune politique : Ils avaient tous signé, comme candidats, des programmes d'un radicalisme à faire se lézarder d'épouvante les pierres tombales de Barbès, de Proudhon et de Delescluzé. C'est l'éternelle chanson.

Sans doute, en signant leurs programmes, ces saltimbanques avaient tous fait la fameuse restriction mentale des jésuites : *Compte là-dessus et bois de l'eau!...* » mais leurs électeurs, eux, « *n'avaient point à tenir compte des réserves restées secrètes* et du moment que leurs élus étaient arrivés au pouvoir, ils avaient bien un peu le droit, on en conviendra, d'attendre d'eux l'exécution de leurs promesses. C'est du moins ainsi que les choses devraient se passer entre honnêtes gens.

Il s'agissait donc pour les opportunistes à qui leurs électeurs réclamaient les choses convenues, comme par exemple : la suppression des armées permanentes, la séparation de l'Église et de l'État et la refonte du contrat social, de faire comprendre poliment à ces derniers que leur mémoire était infidèle et que jamais il n'avait été question de ça. C'était raide !...

Il avait fallu renoncer à ce système et biaiser. Alors les chefs de l'opportunisme avaient imaginé ceci :

— Sans doute, disaient-ils à leurs électeurs, tout ce que vous nous réclamez là, nous vous l'avons promis ; mais vous n'ignorez pas, depuis le temps que vous vous occupez de politique, que ce qui se met dans une profession de foi de candidat n'est pas beaucoup plus sérieux que ce qui se dit dans une déclaration d'amour.

Cependant les chefs de l'opportunisme comprirent que pour calmer la mauvaise humeur de leurs mandants, il était sage de faire une diversion. Ils avaient remarqué que les bébés qui ont faim tétent leur pouce en attendant leur bouillie et ils s'étaient dit:

— Si nous pouvions amener l'opinion publique à téter son pouce, elle nous ficherait peut-être un peu la paix pendant quelque temps.

Et pour engager l'opinion publique à téter son pouce, les chefs de l'opportunisme le lui trempèrent dans la haine du cléricalisme.

— Suce, bébé... suce!... lui dirent-ils — suce... le cléricalisme voilà l'ennemi!...

Cela prit à merveille; les affamés se mirent à sucer de toutes leurs forces, et cela parut même leur sembler très bon.

Assez longtemps la question religieuse domina donc toutes les autres questions, et pendant que les pauvres électeurs mâchaient à vide dans cette espèce de trompe-la-faim que l'on avait imaginé pour leur faire prendre patience, ils ne pensaient plus guère aux mets substantiels qui leur avaient été promis. C'était tout ce qu'avaient voulu les chefs de l'opportunisme.

Évidemment, la question cléricale n'était pas sans intérêt et si le gouvernement eut été décidé à l'aborder pour la résoudre carrément, il n'eut pas perdu son temps — et le nôtre — mais il en fut de cette question comme de beaucoup d'autres, on se mit à l'attaquer par les petits côtés, ce qui était se condamner fatalement à faire long feu.

La loi sur l'enseignement était à l'ordre du jour. Qu'imagina-t-on pour embêter Mgr Freppel, qui, à l'heure qu'il est, en rit encore comme un bossu? On imagina d'introduire dans la loi un grand serin d'article 7, devenu depuis célèbre entre toutes les grandes jocrisseries antiques et modernes. Cet article 7, excluait de l'enseignement public toutes les membres des congrégations religieuses non autorisées.

La loi sur l'enseignement fut votée : mais quand on arriva au fameux article 7, il y eut du tirage. Les opinions étaient fortement partagées et pas mal de républicains, même très libéraux, se prononcèrent contre cet article qui, à leurs yeux n'était qu'un expédient ne devant avoir aucune efficacité, et avait, en outre, le grave inconvénient de consacrer le dangereux principe de l'arbitraire substitué à la liberté.

En effet — disaient ces républicains corrects
— si vous excluez les jésuites de l'enseignement, aujourd'hui que vous êtes les plus forts,
vous admettez par cela même qu'ils pourraient
légitimement vous exclure à leur tour s'ils en
avaient le pouvoir; et c'est précisément cela
qu'il ne faut jamais sanctionner. Une autre
raison pratique suffirait pour vous faire repousser cette loi; c'est qu'elle ne ferait qu'égratigner
ceux que notre devoir est de terrasser, et qu'il
n'y a rien de plus imprudent au monde que de
toucher à ses ennemis autrement que pour les
abattre; car ainsi, on les aide sottement à
créer de fausses légendes de persécutions et à
se fabriquer des auréoles de martyrs qui ne leur
ont pas coûté cher.

Ce raisonnement ne fut pas suffisant pour
convaincre la *Chambre des empotés*, et l'article 7
fut voté; mais le Sénat, pour des raisons qui
n'étaient peut-être pas aussi bonnes mais qui
n'en procurèrent pas moins le même résultat,
repoussa ce fameux article 7 et l'envoya se faire
classer au musée de Cluny des guibollarderies
célèbres, dans le rayon affecté aux cautères pour

jambes de bois et aux vélocipèdes pour culs-de-jatte.

La *Chambre des empotés* fut fort irritée du vote du Sénat. Cela se comprend jusqu'à un certain point : on n'est pas nommé directement par le suffrage universel pour voir avec plaisir, à chaque instant une autre Chambre, élue au suffrage maquillé, décider en dernier ressort que ce que l'on a dit n'a pas l'ombre du sens commun Il fallait pourtant bien que la Chambre basse s'habituât à ce genre de divertissement, car elle n'était pas au bout. Sa mauvaise humeur fut cette fois très vive et elle se vengea du rejet de l'article 7 en allant en déterrer d'autres très anciens qui devaient parfaitement faire l'affaire. Son ordre du jour extrêmement rageur, invita le gouvernement à « *appliquer les lois relatives aux associations non autorisées.* »

Comme l'article 7, cette résolution rencontra des adversaires sur les bancs de l'extrême gauche. Vingt-deux députés de ce groupe s'abstinrent de voter cet ordre du jour de confiance et de dépit, prévoyant sans doute

que le jour où le gouvernement aurait expulsé
deux ou trois sociétés de capucins ne précéde-
rait pas de beaucoup celui où il se croirait
obligé d'établir une compensation en disper-
sant toutes les associations ouvrières.

Passant outre à ce raisonnement qui en
valait peut-être bien un autre, la Chambre tînt
à répondre au pied de nez du Sénat en lui tirant
la langue, et il fut décidé que l'on donnerait
un bon coup de plumeau aux vieilles lois exis-
tantes qui moisissaient dans les sous-sols de
la législation, et qu'on les brandirait, en pous-
sant de grands cris, sur la tête des frocards
que M⁰ Jules Ferry n'avait pu passer au fil de
son article 7.

XXXVI

Les décrets. — Avant l'exécution.

Pendant que c'était encore tout chaud, le gouvernement se mit à l'œuvre et, le 29 mars 1880,

deux décrets étaient signés : le premier expul-
sait, ou plutôt dispersait purement et simplement les jésuites. Le second accordait un déla
de trois mois à toutes les autres congrégations
non autorisées pour demander leur reconnaissance légale.

Je n'étonnerai personne en disant que les
trente mille membres de ces... cercles vicieux
visés par les deux décrets en question, partirent en les lisant d'un éclat de rire homérique.
Il faudrait n'avoir jamais vu un chat perché
sur le haut d'une armoire, se moquer agréa-
blement du chien qui jappe après lui par terre,
pour ne pas se rendre compte de la pitié profonde qu'inspiraient aux congréganistes bien
blottis sur le Concordat, ces deux décrets qui
affectaient de faire d'autant plus de bruit qu'ils
ne pouvaient faire que peu de besogne.

Pendant trois mois, (le gouvernement avait
accordé aux Jésuites un délai de trois mois) (??)
les feuilles cléricales se firent tous les matins
des gorges chaudes avec ces deux décrets qu'ils
trouvaient *tordants*.

Cette hilarité des martyrs était si intense

qu'elle finit par se communiquer à toute la galerie, ce qui dérouta les tyrans eux-mêmes et leur fit perdre toute contenance, si bien que pendant trois mois, on assista à ce singulier spectacle :

D'un côté, les gens menacés de mort qui riaient comme des fous en blaguant leurs persécuteurs.

De l'autre, ces persécuteurs transis qui faisaient une mine longue comme ça et semblaient se dire : Nom d'un nom !... Pour des farouches bourreaux, comme nous devons avoir l'air bête !...

Quant à moi, je ne voyais pas arriver non plus sans avoir un peu la colique le terme fixé pour l'exécution des décrets. Outre que je me rendais très bien compte que nous allions être tous légèrement ridicules en faisant mollement et à moitié une de ces choses qui ne doivent être faites que résolûment ou pas du tout, le contenance provocante des congréganistes menacés, leurs airs de défi, me donnaient à réfléchir.

Je me voyais déjà obligé d'employer la violence contre de braves Jésuites qui n'attendaient qu'un simulacre de force pour beugler au martyre et en tirer un excellent profit. Il était visible en effet que ces roublards enjuponnés se préparaient gaiement à jouer avec nous la fameuse scène des *vivacités du capitaine Tic*, en sollicitant de notre bêtise quelques légers coups de pied au derrière qu'ils comptaient bien nous faire payer plus cher qu'au *Bon marché*.

A n'en pas douter, j'allais être forcé de faire ouvrir les chapelles sacrées, — mais ne payant pas de contributions, — par des serruriers profanes et vils, mais lourdement imposés.

Il allait falloir faire sauter les serrures de beaucoup de cellules pour en extirper violemment « *de doux vieillards en prières* » qui s'adressant au Père Éternel seraient en train de lui dire en latin au moment où nous entrerions :

— Dieu de miséricorde et de bonté!... entends-tu ces chameaux qui montent l'escalier pour violenter tes fils mal embouchés et bien nourris!... Soutiens-nous dans cette épreuve de théâtre, ô Dieu d'amour!... et permets que ce que crachent en l'air ces ignobles porcs républicains retombe sur le nez de la République, en faisant pénétrer dans le cœur des riches fidèles du faubourg Saint Germain et de la province la foi ardente qui doit les pousser à mettre sur les bleus que ces rosses de libres penseurs vont nous faire l'arnica de leur divine générosité. Amen.

Cette perspective d'être contraint de persécuter de pauvres jésuites en les envoyant se faire héberger grassement chez les douairières du noble faubourg, moi qui avais de si bon cœur fait tout ce qu'il fallait, et même un peu plus, pour envoyer Hartmann à la potence, ne laissait pas que de m'attrister énormément; on n'est pas complet.

J'ouvris mon cœur ulcéré à *Gambetta qui seul avait sur la Chambre et sur le cabinet l'autorité nécessaire pour les amener l'une et l'autre à s'arrêter sur une pente dangereuse.*

J'essayai de faire comprendre à Gambetta que ce que l'on se préparait à faire aux jésuites était surtout un comble de maladresse.

— Vous!... — lui dis-je, — qui avez inventé ce mot sublime « la politique des résultats », comment ne voyez-vous pas que les résultats que nous allons obtenir en chatouillant les jésuites vont précisément être des résultats en sens inverse!... Si encore nous expulsions en masse du territoire français toutes les punaises noires qui le dévorent, ce serait violent et injuste, soit; en tous cas, cela servirait peut-être à quelque chose. Mais, faire le simulacre d'assommer des gens à qui nous allons, en somme, ne faire aucun mal; lever le poing furieusement sur leur tête et ne le laisser retomber que pour leur donner une pichenette sur le nez; leur procurer l'occasion de crier que nous les avons égorgés, faire croire, en effet, à tout le monde que nous les martyrisons, et tout cela pour les avoir éloignés pendant deux jours de leurs cambuses dans laquelle ils entreront tous petit à petit, dès la semaine prochaine!... C'est absolument idiot.

Gambetta me répondit qu'au fond j'avais parfaitement raison, mais qu'il était forcé *d'attacher une grande importance à l'exécution des décrets en tant qu'indication d'une politique.*

Je n'insistai pas, c'eût été inutile ; je connaissais le truc de Gambetta comme si je l'avais inventé. Gambetta avait, pendu au fond de son pantalon, quelque chose qui le gênait beaucoup pour... ne pas marcher : c'était son programme de Belleville. Ça lui faisait une queue longue... longue... la fameuse queue dont on a tant parlé. A chaque pas qu'il faisait vers l'opportunisme, la mâtine de queue avait des soubresauts terribles, s'entortillait dans ses jambes, s'accrochait aux montants des portes et l'empêchait d'avancer — mettons : de reculer, — aussi vite qu'il l'eût désiré.

En attendant qu'il pût couper net cette queue encombrante, Gambetta faisait de véritables tours de force pour s'entendre avec elle, la calmer et l'engourdir. L'engourdir, surtout, tel était son principal objectif. Or, il comptait beaucoup sur l'exécution des décrets pour se donner, aux yeux de sa queue, un petit air qui, de loin, eût pu le faire ressembler à Danton.

Gambetta savait, comme je le savais également — car il était presque aussi malin que moi dans son genre — qu'en faisant semblant d'expulser le Père Dulac de la rue des Postes, on allait « *éloigner définitivement de la République une fraction considérable de la nation* ». Mais il se disait :

— Je m'en fiche !... j'aurai les grandes villes et c'est ça qui donne des voix. L'essentiel est de faire oublier à ma gredine de queue, en faisant les gros yeux au Père Dulac, que j'ai fait dans le temps les doux yeux à la question sociale.

Et Gambetta avait raison : « *Il ne pouvait, sans cesser d'être un homme d'Etat, flatter les rêveries sociales dont se bercent les travailleurs de l'atelier : Il cherchait à retenir leur sympathie et leur confiance en taquinant le clergé.* » C'était tout ce que l'on pouvait décemment lui demander.

En un mot, comme la pièce de résistance que Gambetta-candidat avait mise pompeusement au milieu de la table, le jour de son élection à Belleville, était en carton peint et bourrée de filasse, Gambetta-élu n'avait plus

qu'un plan, amuser le plus longtemps possible ses convives avec quelques radis vrais,
mais creux, pour retarder le moment où il lui
faudrait éventrer la fausse dinde aux fausses
truffes.

Abandonnant le projet d'amener Gambetta à
renoncer à l'exécution des décrets, je me tour-
nai d'un autre côté. « *Je rendis visite à quelques-uns des membres les plus influents des congrégations menacées, pour essayer d'obtenir d'eux
qu'ils se décident à demander la reconnaissance
légale* ». De cette façon, nous évitions le scandale de l'expulsion et je n'avais plus le cœur
fendu par la cruelle nécessité de prendre les
pantoufles et le vase de nuit du père Dulac et
de les lui mettre sur le trottoir.

La veste que je remportai!... Je renonce à en
analyser les passementeries!... Aux premiers
mots que je risquai sur ce sujet, les notables
jésuites me reçurent comme un chien qui
vient lever la patte sur les pruneaux de l'étalage d'un épicier.

Les congréganistes me firent impoliment
comprendre qu'il fallait que je fusse bien de

mon pays pour venir leur proposer de se soumettre à une loi qui les obligerait, pour être reconnus légalement, à toutes les formalités imposées aux autres sociétés, c'est-à-dire au dépôt de la liste de leurs membres, à celui de leurs statuts et à la déclaration de leur situation financière.

— Le gouvernement républicain — me dirent-ils nous prend donc pour de vulgaires syndicats de rétameurs ou de cochers d'omnibus, qu'il prétende exiger de nous, les représentants de Dieu pour le quartier Malesherbes, que nous nous conformions à des lois auxquelles seuls doivent être soumis les citoyens qui paient des contributions !...

Il n'y avait rien à répondre à cela. D'ailleurs, le fin mot de l'affaire, je le compris très bien, était que les congréganistes avaient déjà préparé toute leur mise en scène pour le jour très prochain de l'exécution des décrets; que les rôles et les répliques héroïques étaient complètement sus par toute la troupe, depuis le « *Nous sommes prêts pour le supplice!* » du supérieur jusqu'au « *sale tas de mufles!* » du portier;

que deux ou trois répétitions générales de
l'expulsion avaient déjà été faites en famille,
qu'elles avaient marché à ravir; et qu'en venant demander à des gens aussi bien préparés
de renoncer à pousser l'affaire jusqu'au bout,
il y avait mille à parier contre un que je devais
être reçu comme un homme qui s'en irait conseiller à un directeur de théâtre venant de dé-
penser deux cent mille francs pour monter
une féerie à grand spectacle, de jouer à la place
un proverbe à deux personnages de Verconsin.

Ce fut exactement ce qui m'arriva, et je dus
prendre mon parti du rôle pénible que j'allais
avoir à jouer comme préfet de police dans ce
drame terrifiant auquel il ne manquait qu'un
peu de musique d'Hervé pour être tout à fai
réussi.

XXXVII

Première exécution des décrets. — Les gants gris perle. — Chez les Jésuites.

« *Il ne me restait plus qu'à choisir entre l'exé-* » *cution des décrets et ma démission* » Mes lecteurs veulent-ils voir un homme qui hésite ?... Qu'ils regardent d'un autre côté; moi, je n'hésitai pas. Je n'hésite jamais.

Quand il s'était agi d'arrêter Hartmann pour l'envoyer à la potence, je n'avais pas hésité parce que je trouvais ça gai. Cette fois, il s'agissait d'embêter pendant cinq minutes le Père Dulac; ça me déchirait le cœur, mais je n'hésitai pas davantage. Tout d'une pièce !... Une pièce de tout !... C'est la devise des hommes vraiment sérieux.

Je restai donc à la Préfecture, et cela pour plusieurs raisons: La première que je ne dis pas parce que c'est la vraie ; mais tous les gens qui ont une bonne place me comprendront.

Indépendamment de cette raison puissante, j'étais encore acoquiné à ma situation de préfet de police par les alléchantes facilités qu'elle m'offrait de faire tourner en bourrique le conseil municipal, divertissement dont je ne pouvais plus me passer. Or, depuis mon entrée en fonctions, j'avais bien déjà trouvé l'occasion de faire comprendre aux conseillers municipaux que je les tenais pour des ganaches, des pantins et des teigneux : mais il s'en fallait de beaucoup que j'eusse vidé mon sac et il m'eût énormément coûté de quitter la préfecture de police avant de les avoir traités d'empaillés, de goîtreux et de marchands de contremarques.

Je donnai donc mes ordres à M. Caubet, chef de la police municipale, ainsi qu'à mes commissaires de police ; et le 29 juin à neuf heures du soir les scellés furent apposés sur les portes de la chapelle des jésuites rue de Sèvres. Le sort en était jeté !... La République venait de porter une cire à modeler sacrilège sur le trou d'une serrure apostolique et ro-

maine!... Où ce crime allait-il nous conduire?...
j'étais moi-même effrayé de mon audace.

A la même heure avait lieu au Cirque d'hiver
un grand meeting clérical de protestation,
contre lequel je n'avais pas cru devoir prendre
les précautions usitées par la police quand il
s'agit d'une réunion de vingt-deux anarchistes.
Ce meeting était présidé par M. Lucien Brun,
sénateur de la droite.

Je dis: *de la droite* avec intention car, ayant
à reproduire ici quelques passages du discours
que M. Lucien Brun prononça à ce meeting, je
m'aperçois que la lecture de ces passages pourrait faire croire que l'orateur appartenait à un
des groupes les plus échevelés de l'intransigeance. Que mes lecteurs jugent eux-mêmes et
me disent si Blanqui, vivant, se fut exprimé
en termes plus nets:

« *Je salue la sainte liberté du sacrifice et du*
» *dévouement*, s'était écrié M. Lucien Brun (de la
» droite) — *Cette liberté est menacée et je dénonce*
« *un crime!...*

» *Je ne me dissimule pas les dangers que la*
» *liberté peut courir, mais je suis rassuré sur le*

» *résultat final par le souvenir des traverses*
« *qu'elle a déjà plus d'une fois surmontées.*

» *J'ai tenu à honneur de protester une dernière*
» *fois et de pousser le cri de nos aïeux: Vive la*
» *liberté!...* »

Il m'a paru bon de reproduire ici ce cri d'indépendance farouche poussé par un des cham-
pions les plus tenaces du régime despotique,
afin de faire bien comprendre à mes lecteurs
l'immense beauté de ces admirables décrets
que l'Arkansas ne nous envie même pas.

L'esprit et la tendance de ces décrets étaient
en effet d'une telle limpidité que tout fabriqués
qu'ils fussent soi-disant pour combattre l'op-
pression, ceux qui en étaient victimes pouvaient légitimement les flétrir au nom de la
liberté!...

On ne saurait trop admirer l'habileté de ces
politiques profonds qui, revendiquant la liberté
pour tous, n'ont rien de plus chaud que de se
faire flanquer en pleine figure qu'ils commencent par confisquer celle des autres.

Comme j'avais eu le soin de donner la veille
à mes agents des instructions très détaillées,

j'espérais que ma présence ne serait pas indispensable, le lendemain, pour l'exécution des décrets. Ainsi que je l'ai expliqué déjà, cela ne me régalait pas du tout d'aller prendre des capucins au saut du lit et d'attendre qu'il aient mis leurs chaussettes — d'autant plus que je savais que quelques-uns n'en mettaient pas — pour les expulser de leur chambre à coucher.

J'avais pris également mes mesures pour que l'expulsion des Pères Jésuites eût lieu au point du jour de façon à ce qu'elle ait le moins de témoins possible. Une idée cependant aurait dû me venir tout naturellement; mais elle ne me vint pas : c'est que le meilleur moyen de montrer aux gens que l'on croit faire une mauvaise action, c'est de se cacher pour la faire.

Le soir de la veille de l'exécution des décrets, javais été dans le monde, et j'étais rentré à la préfecture assez tard dans la nuit. A peine étais-je endormi que l'on vint me réveiller pour me remettre une dépêche urgente de M. Clément, un des commissaires de police que j'avais chargés de l'opération en question. M. Clément, paraissait affolé. Il me marquait dans sa dépêche que la rue de Sèvres était encombrée par une foule de fanatiques qui devaient tous avoir sous leurs gilets des crucifix creux chargés de dynamite et de vitriol, et qu'ils allaient sans aucun doute mettre le quartier en flammes plutôt que de laisser mes agents porter seulement la main sur le bouton de la sonnette de la maison des Jésuites. La dépêche de M. Clément était imprégnée d'une terreur profonde. Il ne me disait pas qu'il avait vu dans le ciel le bon Dieu courroucé lui apparaître et lui ordonner de s'éloigner; mais on sentait que c'était le temps qui lui avait manqué.

Je connaissais — ou plutôt je croyais connaître M. Clément, je savais qu'il n'était pas homme à s'alarmer pour rien et je pris le parti de me rendre moi-même sur les lieux. Il m'en coûtait, car j'avais bien sommeil. Cependant, je me rhabillai à la hâte et me jetai dans un coupé pour me faire conduire rue de Sèvres. Chemin faisant, tout en supputant les événements qui allaient se produire et en préparant quelques phrases à effet en prévision de cas graves, j'achevai tant bien que mal de m'ajuster, car dans ma précipitation, j'avais enfilé mes vêtements de soirée d'une façon peu correcte.

Encore tout somnolent, j'avais mis mon pantalon noir sens devant derrière en oubliant de rajuster mes bretelles qui retombaient extérieurement jusque sur mes bottines. Mon gilet était boutonné tout de travers, mon col de chemise relevé d'un côté, cassé de l'autre, avait des allures bizarres, le nœud de ma cravate blanche s'était défait et pendait sur mon plastron de chemise tout cassé et plein de taches de café noir. Endormi en montant dans mon coupé, je n'avais pas pensé à boutonner mes bottines dont les ailes de drap pendaient de chaque côté de mes pieds en clapotant à chaque mouvement que je faisais. Un choc funeste avait brisé le ressort de mon gibus, qui tout défoncé d'un côté, avait une allure Robert macairesque d'un puissant effet.

Telle fut la tenue dans laquelle j'arrivai sur le lieu de la sédition. Si mes lecteurs veulent bien prendre la peine d'ajouter à cela le désor-

18.

dre de ma coiffure en coup de vent, les mèches
droites et collées par le punch d'une mous-
tache en détresse, un teint pâle et défait, l'œil
gonflé et un peu chassieux de l'homme qui n'a
pas assez dormi, et une paire de gants ex-gris
perle, *gris* encore comme des Polonais ; mais
presque plus *perle* du tout, craqués entre les
doigts, ayant perdu leurs boutons et mis à la
hâte : celui de la main gauche à la main droite
et *vice versa*. Si mes lecteurs, disais-je, veulent
se figurer cet accoutrement dont la description
sommaire ne saurait donner qu'un aperçu bien
incomplet, ils pourront se faire à peu près une
idée du tableau original qui se déroula sous
les yeux des curieux ameutés rue de Sèvres,
lorsqu'ils virent descendre de son coupé,
affublé de la sorte, un des premiers fonctionnaires de la République venu là pour faire res-
pecter les lois de son pays. L'effet fut immense.
Plusieurs personnes qui ne me connaissaient
pas s'approchèrent de moi d'un air compatis-
sant et me proposèrent de me conduire chez
un pharmacien.

En arrivant rue de Sèvres où je croyais

trouver, d'après la dépêche affolée de M. Clément, sept ou huit cent mille furieux munis
de torches à incendie, je fus tout étonné de
constater qu'il y avait en tout autour de
l'établissement cinq ou six cents curieux, un
peu houleux c'est vrai, mais ne paraissant pas
le moins du monde disposés à jouer les Pierre
l'Ermite.

Quelques députés légitimistes, notamment
MM. Ernoul, Chesnelong, de Ravignan étaient
venus là pour prêter aux Pères jésuites l'appui
moral de leur présence. Ils suivaient pas à pas
les commissaires de police et à chaque geste
de ceux-ci, ils protestaient avec indignation.

Malgré tout le respect que m'inspiraient ces
nobles perruques, je dus en faire fourrer quelques-unes au violon pour assurer le service de
mes agents. Mais furieux d'avoir été obligé de
porter une main sacrilège sur des perturba-
teurs bien pensants, je cherchai des yeux dans
la foule quelque visage de républicain connu,
sur qui je pusse me soulager. A ce moment,
M. Camille Pelletan vint à passer.

— Voilà mon affaire, pensai-je aussitôt. Et

Camille Pelletan qui certainement n'était pas
venu là pour s'opposer à l'exécution des décrets, fut tout surpris de se voir traité comme
ses collègues de la droite qui avaient fourré de
la mie de pain dans les trous de serrures de la
maison des Pères jésuites pour empêcher mes
serruriers d'ouvrir les portes.

L'évacuation de la maison fut longue, et le
spectacle en fut douloureux. Comme je l'ai expliqué plus haut, les Pères jésuites avaient
composé et étudié leurs rôles avec un art infini. Ces cabotins déployèrent tant de talent en
mimant leur résignation de martyrs que l'on
entraîne à la chaudière, et de notre côté, nous
fîmes en les expulsant une tête si piteuse et si
ennuyée que les Pères jésuites réussirent complètement à mettre tout le ridicule de notre
côté. Nous avions positivement l'air de commettre une mauvaise action et de nous dire
tout le temps : Pourvu que nous ayons fini
avant l'arrivée des gendarmes !

C'était un spectacle navrant : « *Il nous fallait*
» *pousser à la rue des prêtres sans défense* »,
mais bien autrement dangereux pour notre

prestige que ne l'eussent été des *regimbards* des boulevards extérieurs, car au fur et à mesure que nous les poussions, tout doucement et avec mille précautions, ils faisaient des grimaces horribles et feignaient des douleurs atroces pour faire croire à la foule que nous leur entrions sournoisement des bouts de fer rouge dans les reins.

Puis quand ils avaient bien grincé des dents ils levaient les yeux au ciel, prenaient des airs de Jeanne d'Arc en route pour le bûcher, et tout en marchant, soutenus plutôt que poussés par mes agents, ils marmottaient des prières en latin dans lesquelles ils mêlaient à voix basse à notre adresse un tas de choses dures que le public n'entendait pas.

Ils étaient décidément très forts comme comédiens ces Pères jésuites. Je ne sais qui leur avait réglé cette admirable mise en scène ; mais j'ai toujours soupçonné M. Porel de l'Odéon d'être venu leur préparer cela de longue main.

Au dernier moment, à l'apothéose, ils eurent une véritable trouvaille qui produisit un effet gigantesque ; au moment où ils arrivèrent sur le seuil de la porte de 'a maison dont ils étaient chassés sans retour possible... avant le mercredi suivant, l'un d'eux compta tout bas : une, deux, trois !... et au troisième coup, tous élevèrent les deux bras au-dessus de la foule et lui flanquèrent avec un aplomb vraiment remarquable une de ces bénédictions qui comptent dans la vie d'un peuple crétinisé.

Ce fut un coup de théâtre splendide ; tout le monde était ému, mes agents confus et honteux essuyaient furtivement une larme, et moi-même, qui ne suis pourtant pas sensible, je ne pus m'empêcher de penser que c'était presque aussi bien fait que la scène des évêques de l'*Africaine*.

Quant à mes gardiens de la paix, ils avaient l'oreille bien basse et l'on comprenait à leur attitude navrée qu'ils ne se sentaient pas faits pour de pareilles besognes. Je les consolai de mon mieux en leur disant : Que voulez-vous, mes braves !... on ne peut pas avoir tous les jours mademoiselle Lucie Bernage à conduire à Saint-Lazare !...

Quand tout fut terminé, j'allai, la mort dans l'âme, porter au ministre de l'intérieur le bulletin de cette triste victoire. Nous nous jetâmes en sanglotant dans les bras l'un de l'autre. Nous étions honteux de nous-mêmes. Pour des vainqueurs nous avions vraiment une bien drôle de dégaine. Quant aux vaincus, j'appris qu'aussitôt expulsés ils s'étaient réunis chez Foyot où ils avaient fait un déjeuner d'une gaieté folle pour fêter leur martyre. Ce que nous avons dû être blagués au dessert !...

XXXVIII

L'Eucharistie sous les scellés

Mais ce n'était pas fini !... On se rappelle que M. Clément avait apposé les scellés sur les portes de la chapelle de la rue de Sèvres. Patatras ! est-ce que l'on n'apprend pas le lendemain que nous avions sans le vouloir enfermé dans la chapelle... qui donc... le bedeau?... — Non!... — Une pénitente endormie dans un confessionnal?... — Non!... — Nous avions enfermé le Saint-Sacrement!...

Voilà immédiatement Paris sens dessus dessous!... Tout le monde s'abordait dans les rues d'un air consterné. — Vous savez l'horrible nouvelle?... — Non... quoi donc, le choléra est arrivé? — Si ce n'était que cela!... le Saint-Sacrement est enfermé!... — Sapristi!... qu'est-ce que vous me dites-là... qu'allons-nous devenir ?...

En vain quelques gavroches gouailleurs essayaient de tourner la chose en plaisanterie et disaient aux passants plus morts que vifs :

— Eh ben!... de quoi!... il peut bien attendre!... ça se mange froid le Saint-Sacrement!...

Rien ne parvenait à calmer le désespoir de la population qui ne pouvait se faire à l'idée d'un Saint-Sacrement sous les verroux.

Monseigneur l'archevêque de Paris demanda au gouvernement de lever provisoirement les scellés afin de lui permettre de reprendre ses... accessoires et de les faire transporter au théâtre Saint-Sulpice.

Monseigneur l'archevêque était assez malin. Il s'était dit : De deux choses l'une : ou le gouvernement autorisera la levée des scellés, en ce cas j'organiserai pour la translation de mes pains à cacheter un cortège qui fera un effet épatant; ou le gouvernement refusera l'autorisation, et alors nous ferons, avec cette nouvelle persécution, un potin de tous les bons dieux!... De toute façon, nous ne pouvons qu'y gagner.

Le gouvernement cette fois ne fit pas la maladresse de tomber ni dans l'un ni dans l'autre de ces deux panneaux. Il répondit gracieusement à l'archevêque :

— Comment donc, Monseigneur !... Mais avec beaucoup de plaisir... nous allons vous rendre tout de suite votre petite machine. Seulement vous allez l'emporter sans tambour ni trompette, le carnaval étant passé. Il n'y aurait aucune raison pour que nous vous laissions vous promener dans les rues avec des accoutrements qui rappelleraient la descente de la Courtille.

Monseigneur parut assez vivement contrarié de voir que sa mèche avait été éventée. Il essaya néanmoins de donner tout de même un peu de pompe à sa cérémonie et quand mes commissaires se présentèrent pour enlever les scellés et délivrer le Saint-Sacrement, ils trouvèrent, rue de Sèvres, une foule assez nombreuse.

M. Clément, perdant de nouveau la carte en voyant deux ou trois cents curieux rassemblés pour le défilé de cette mascarade, me télégraphia aussitôt ses terreurs comme il l'avait fait l'avant-veille. Décidément ce commissaire manquait de calme : il ne pouvait pas voir trois individus causant sur un trottoir sans s'imaginer qu'ils se préparaient à faire sauter le quartier.

Je dus me rendre encore une fois rue de Sèvres pour faire comprendre aux Pères Jésuites qu'ils devaient, dans l'intérêt de la sécurité publique renoncer à transformer la cérémonie de la translation du Saint-Sacrement en promenade du bœuf gras.

Je dois dire que ces messieurs se rendirent de très bonne grâce à mes raisons et qu'ils abandonnèrent toute idée de procession. On transporta le Saint-Sacrement dans une petite chapelle intérieure de la maison et chacun rentra chez soi, le cœur plus léger, n'ayant plus dans l'âme cette douleur atroce de savoir cet ustensile sacré sous les verroux.

J'ai raconté, avec la sincérité que mes lecteurs me connaissent, tous les épisodes de cette première exécution des décrets. Je ne décline aucune responsabilité. Le public jugera ma conduite en cette circonstance.

J'ai toujours été convaincu, et je le suis encore que cette mesure était absolument saugrenue; et si j'y ai pris part, ça n'a jamais été qu'à contre-cœur et pour ne pas quitter une place qui pouvait me procurer encore quelques bons petits quarts d'heure.

XXXIX.

L'élection Trinquet. — Encore l'amnistie.

Ce que j'avais prévu et prédit au gouvernement à propos de l'amnistie, arriva. Le pays
ne se fut pas plus tôt aperçu que l'amnistie
partielle était une fumisterie qu'il réclama
l'amnistie plenière. « *Nous avions mis le bras
dans l'engrenage, tout le corps devait y passer* »

Pour forcer le gouvernement à donner cette
amnistie, les électeurs, qui ne sont pas bêtes
quand ils veulent s'en donner la peine, — surtout les électeurs parisiens, qui ne sont jamais
en retard quand il s'agit de faire une bonne
farce — imaginèrent tout simplement d'élire
le forçat Trinquet.

Trinquet, cordonnier de son état, avait été
membre de la Commune et pour ce fait, déporté
à Nouméa. De plus, il avait été condamné en

décembre 1876 à trois ans de double chaîne pour *vol*!... C'était donc bien là, n'est-ce pas le candidat tout indiqué des socialistes.

Une chose que je ne dirais pas si je ne craignais que mes lecteurs ne l'apprissent par d'autres annalistes moins scrupuleux, c'est que le *vol* reproché à Trinquet était celui des objets destinés à faciliter son évasion, ce qui en atténuera peut-être un peu l'infamie aux yeux des gens sans sévérité de principes qui pensent qu'un homme n'est pas déshonoré parce qu'il chipe, pour pouvoir se sauver, un bout de ficelle et deux clous à crochet que son geôlier n'aurait pas voulu lui vendre.

Un siège de conseiller se trouvait vacant, les électeurs du vingtième arrondissement résolurent de le donner à Trinquet. De nombreuses réunions publiques eurent lieu à cet effet, dans lesquelles se débitèrent des choses assez salées. Je relèverai seulement, pour donner la note de ces discours, cette remarque assez profonde du citoyen Joffrin qui prétendit que « *pour lui les radicaux ne valaient pas mieux que les opportunistes, la seule différence entre eux étant que*

19.

ces derniers avaient les places et que les premiers voudraient les avoir.

J'avoue que j'aime assez cette définition qui me paraît être la vraie des différentes écoles politiques qui se disputent les abords de l'assiette au beurre. Seulement comme, aussi Joffrin que l'on puisse être, on trouve toujours plus Joffrin que soi, ce système conduirait à cette conclusion — qui ne me déplaît pas non plus d'ailleurs — qu'il faudrait commencer par supprimer tout à fait l'assiette au beurre.

Je suis du reste persuadé que l'on ne suivra jamais ce conseil ; sans quoi, je ne l'eusse pas donné.

Un mot de ces réunions publiques qui mérite aussi d'être signalé est celui du citoyen Pichon, s'écriant : *« C'est nous, la rue des Panoyaux !... qui aurons fait l'amnistie !... »* La rue des Panoyaux ici m'a toujours paru un chef-d'œuvre ; j'aurais donné jusqu'à ma dernière paire de gants gris perle pour être le député de la rue des Panoyaux !... J'avais cru jusqu'alors que le comble du bonheur était, pour un homme v'lan, de faire partie du Cercle des mirlitons; mais quand je sus qu'il existait un club des Panoyaux, ce fut fini!... Je n'en dormais plus!... le titre de membre du conseil de l'ordre F∴ M∴ lui-même me semblait fade.

Les *Panoyaux* furent vainqueurs: le forçat Trinquet fut élu conseiller municipal. Les *Panoyaux* étaient dans la jubilation. Enfin! ils allaient donc être représentés par un vrai... un *zigue*... un pur. Les *Panoyaux* illuminèrent et se livrèrent aux ébats d'une joie folle; le p'tit bleu coula à flots, des kilomètres de saucisson à l'ail disparurent dans les estomacs vengeurs de ces braves chiffonniers qui, plus heureux que Diogène leur chef de file, venaient de trouver un homme!...

Seul, le citoyen Pichon, *ultra-Panoyaux*, dont j'ai parlé plus haut, était rêveur et même quelque peu amer. Renfrogné dans son coin, humant un brûle-gueule sceptique, il contemplait d'un œil fortement gouailleur le délire de ses *co-Panoyaux*.

Son mauvais sourire traduisait l'état d'une âme de juste ulcérée par la stupidité de ses frères. Il semblait leur dire avec une sorte de pitié :

— Riez... buvez... réjouissez-vous, tas d'andouilles !... Vous n'avez pas voulu me croire quand je vous disais que les radicaux d'aujourd'hui ne sont jamais autre chose que des opportunistes de demain !... Chantez... dansez... Je l'attends à la semaine prochaine, votre Trinquet !...

Les *Panoyaux*, tout à leur allégresse, continuaient à s'esbaudir et ne prêtaient aucune attention aux ronchonnades de l'Amer-Pichon. Ils avaient peut-être tort.

« *Quelque temps après, je reçus la visite de M. Girard, maire du vingtième arrondissement qui venait me demander...* » Quoi? Je vous le donne en mille, « *une place dans la police pour...* » Je vous le donne en cinq milliards !... « *pour* Trinquet. »

Oui, Trinquet !... Trinquet le pur !... Trinquet l'inflexible !... Un *Panoyaux*, enfin, c'est tout dire, faisait les doux yeux à ma cassette secrète !...

Le fait paraîtra improbable et tout le monde va croire qu'après une telle révélation, je dois me préparer à ouvrir le paradémentis que je suis obligé d'avoir constamment sous le bras en écrivant ces mémoires. Nous verrons bien.

Mais ce qui va paraître à mes lecteurs plus invraisemblable encore, c'est que « *je refusai la place que me demandait Trinquet.* » Ne voulant pas avoir sur la conscience la souillure et le déshonneur d'un *Panoyaux.*

Bien des gens ne vont pas manquer de se dire :

— Allons donc !... elle est bien bonne !... A qui l'ex-préfet de police Touchatout fera-t-il accroire qu'il a négligé une aussi belle occasion de perdre de réputation un *Panoyaux*, lui qui a déjà consacré plusieurs chapitres de ce livre à nous donner à entendre que le budget des fonds secrets de sa préfecture avait été constamment absorbé par les frères et amis de la *Panoyauterie!*... Si Trinquet lui avait fait, comme il le prétend, des offres de service, il aurait sauté dessus comme la pauvreté sur le monde, comme un actionnaire des *huîtrières du Morbihan* sur un dividende, c'est clair comme les mots d'esprit dans un article d'Ignotus.

Ce que je n'avais pas voulu faire, mon collègue M. Hérold le fit. Moins soucieux que moi de l'honneur des *Panoyaux*, il échangea la triple chaîne du forçat Trinquet contre un opulent chapelet de saucisses grasses qui rattachèrent celui-ci à l'opportunisme. Ainsi s'accomplit la parole de saint Pichon le *défiangéliste :* « Laissez venir à moi les petits *Panoyaux.* »

Quoi qu'il en fût, l'élection de Trinquet eut une énorme influence sur la question de l'amnistie plénière qui était à l'ordre du jour. Gambetta lui-même se déclara le défenseur de cette mesure radicale, et grâce à un discours presque aussi éloquent que ceux qu'il avait prononcés naguère pour combattre l'amnistie plénière, il la fit triompher à la *Chambre des empotés* par 312 voix contre 136.

L'amnistie plénière devait être — on l'avait dit — l'apaisement définitif des passions et des rancunes politiques. On se plaisait générale-

ment à la considérer comme un baume de
miel qui fermerait nos blessures et calmerait
les haines. On va voir combien ces généreuses
espérances étaient fondées et à quel point cet
onguent émollient devait rancir avec tant de
rapidité que, dès le lendemain même, il allait être difficile de ne pas le confondre avec
une compresse de vitriol et de limaille de
cuivre appliquée sur une plaie vive.

XL

L'apaisement et l'oubli.

Comme il avait été facile de le prévoir, même
sans être bien malin, quelques amnistiés de
la Commune rentrèrent en France ayant au
cœur une rancune que n'avaient pu atténuer
— c'est étonnant!... — dix années de fièvre
jaune et de triple chaîne.

« Peut-être ne lira-t-on pas sans intérêt quel-

ques extraits de mes notes » de cette époque
« qui montreront comment l'amnistie fut ac-
cueillie par ceux auxquels elle s'adressait. »

23 juin 1880. — Le citoyen Lefrançais, réfugié à Genève, dit en public que les amnistiés ne doivent aucune reconnaissance ni au
gouvernement ni aux Chambres qui n'ont voté
l'amnistie que contraints par l'opinion publique qui la réclamait.

26 juin. — On répand à Lyon et à Saint-
Etienne une chanson épouvantable dans laquelle on recommande aux enfants d'être
« toujours les vengeurs des femmes en larmes »
et de *« faire feu sur qui tue et corrompt »* conseils des plus immoraux destinés à détourner
l'enfance d'être toujours, au contraire, les souteneurs des femmes en carte et de tirer sans
relâche sur les braves gens qui ne font de mal
à personne.

26 juin. — Dans une réunion socialiste à
La Chapelle, le citoyen Geoffroy ne craint pas
d'affirmer, comme l'a fait le citoyen Lefrançais

à Genève, que l'amnistie n'engage à rien les amnistiés envers les réactionnaires qui ne l'ont votée que poussés par les électeurs de la rue des Panoyaux.

30 juillet. — Un journal socialiste publié à Londres par le réfugié Most, soutient la même thèse et va jusqu'à prétendre que l'amnistie ne résout rien, puisqu'elle laisse la question sociale juste au même point où elle était le 18 mars 1871.

3 août. — Une centaine d'amnistiés ramenés par le *Tage* et arrivés à Paris à la gare Montparnasse ont le toupet d'accepter au café Leblanc une collation que leur avait fait préparer le comité socialiste. « *Vingt-cinq à peine ont accepté au* Café de la Marine *l'invitation du comité bourgeois.* » Et pourtant, il paraît qu'au *Café de la Marine*, il y avait des hors-d'œuvre, un plat de plus et une demi-bouteille de supplément. On voit par ce détail à quel point les amnistiés poussaient l'implacabilité.

Mes lecteurs voient par ces quelques exem-

ples que les amnistiés n'avaient pas désarmé.
Ils verront par la suite que cet état d'exaspé-
ration ne devait faire que croître et embellir.
Il y a des gens qui ont une si sale nature, que
plus on les ménage, plus ils vous détestent. Je
n'en veux pour preuve que le clergé dont le
respect pour la République diminue au fur et
à mesure qu'augmente celui que nous profes-
sons pour un concordat imbécile qui devrait
depuis longtemps avoir les quatre fers en l'air.

XLI

La liberté des débits de boissons. Ses conséquences.

Il semblait vraiment que les Chambres eussent fait le pari de démolir toutes les vieilles
lois qui pouvaient consolider MA préfecture et
de voter toutes les nouvelles qui devaient me
gêner dans les entournures.

Au nombre de ces dernières, je citerai celle sur les *débits de boissons*. Confiant dans l'intelligence de mes lecteurs, je ne crois pas pouvoir me dispenser de leur expliquer que les *débits de boissons* sont des maisons où l'on vend à boire. Et sans leur donner le temps de revenir de leur surprise, je leur apprendrai également que ne sont pas considérés comme *débits de boissons* les pharmacies, les magasins de la *Ménagère*, les agences matrimoniales et les bandagistes.

Ceci bien posé, j'expliquerai que le décret du 29 décembre 1851. (Une belle époque !... où le gouvernement savait au moins faire quelque chose pour la police — à charge de revanche) — ... que le décret du 29 décembre 1851, — disais-je — avait eu le bon esprit d'embrigader tous les débits de boissons et de les soumettre au bon vouloir du pouvoir exécutif. Dans ce temps béni, mon prédécesseur ouvrait ou fermait un cabaret aussi facilement qu'une parenthèse, selon que la clientèle de ce cabaret était connue pour trouver à Badingue l'allure d'un héros ou celle d'un saltimbanque.

C'était le bon temps?... pour presque rien, on avait une excellente police secrète en y enrôlant de force et sans appointements un grand nombre de cafetiers à qui l'on pouvait laisser ou retirer leur permission selon qu'ils avaient dénoncé plus ou moins de leurs clients.

Ce bienfaisant décret impérial comme on n'en fait plus, avait été soigneusement conservé par la République et naturellement, le gouvernement de l'ordre moral du 16 mai ne s'était pas privé de se servir de cet ustensile si bien approprié à son caractère et à ses besoins. « *On ne citait pas moins de deux mille deux cents débits fermés en vertu de ce décret* » ce qui ne servit du reste à rien puisque la liste des 363 députés libéraux passa comme une lettre à la poste. « *Le ministère du 16 mai avait donc fait de l'arbitraire sans succès et par conquent, sans excuse* ». J'engage mes lecteurs à méditer longuement cette dernière phrase plus profonde peut-être qu'elle ne leur semble au premier abord. Elle n'est guère, il est vrai, qu'une variante aimable du célèbre mot : « C'est plus qu'une faute, c'est une maladresse » ou de cet autre axiome de grands chemins « La fin justifie les moyens, » mais elle n'en traduit pas moins d'une façon exacte tout ce que j'ai de plus pur en fait de sentiments, à savoir : que seules, les actions déloyales qui RÉUSSISSENT sont EXCUSABLES. Ce n'est qu'avec des principes de ce calibre qu'un homme d'État vraiment digne de ce nom peut aspirer aux plus hautes destinées. Le tout est d'éviter le bagne.

Mais où les 363 cessèrent d'être intéressants pour moi et me semblèrent piteux, ce fut le jour où ils n'eurent rien de plus chaud que de se briser entre les mains, le fameux décret impérial qui mettait à leur discrétion tous les marchands de vin et limonadiers de France. Ces législateurs par trop scrupuleux ne voulurent pas conserver à leur disposition un moyen d'action très précieux sous le prétexte naïf que ce moyen leur semblait canaille. Ils décidèrent qu'à l'avenir, l'obligation de devenir des mouchards ne ferait plus partie du cahier des charges imposé aux débitants de mêlé-cass. et que les marchands de liquides ne

20.

seraient plus d'office placés sous la surveillance de la police tant qu'ils n'auraient pas commis d'autres crimes que d'exagérer un peu l'exiguïté des bocks et la hauteur de leurs *faux-cols.*

Cet élan d'honnêteté était d'un bête à se faire enfermer aux Quinze-Vingts. Les 363 avaient failli quinze jours avant, être rossés à plate couture par les ordre-moraliens à l'aide d'un décret impérial que la législation républicaine avait maladroitement laissé traîner dans un coin de ses codes; et le premier soin de ces ahuris après avoir échappé à ce danger était d'anéantir ce décret !... A-t-on idée d'une niaiserie pareille ? c'est comme si, après avoir arraché des mains d'un malfaiteur le bâton avec lequel il essayait de vous assommer, vous flanquiez le bâton dans une bouche d'égout pour n'avoir pas la tentation de vous en servir contre votre assassin.

Il arriva naturellement que le nombre des cabarets augmenta dans une proportion des plus dangereuses et que beaucoup de ces établissements devinrent « *des repaires de mal-*

faiteurs et des lieux de débauche où des femmes,
sous prétexte de servir à boire, vont de table en
table, provoquant les consommateurs » — C'est
moi qui déteste ça, par exemple !...

On m'objectera peut-être que ce sont là des
choses impossibles à éviter et qui ne regardent en somme que les « consommateurs »
qui aiment ou n'aiment pas être « provoqués »
On ajoutera sans doute aussi que de même
qu'il existe des Hébés de caboulots qui ten-
dent aux clients autre chose que leur amphore,
il y a aussi des gantières qui, dans leur arrière-
boutique, essaient aux hommes des gants d'une
pointure qui n'est pas dans le commerce courant, et des marchandes à la toilette qui ne
vendent guère de vieilles étoffes qu'avec des
jeunes filles dedans ; mais que tout cela n'est
pas une raison pour que l'on place la ganterie
et le commerce des antiquités dans le ressort
de la préfecture de police.

Mais moi je réponds que je ne verrais à cela
aucun inconvénient.

L'abrogation du décret impérial qui mettait
les brasseries sous la dépendance de la police

fut donc « *une des causes qui favorisèrent le développement de la prostitution.* »

Le célèbre « voilà pourquoi votre fille est muette » n'était pas, comme logique, plus renversant que la diagnostic que je viens de formuler. En effet, déclarer qu'une fille est muette parce que l'omnibus de Pantin a un cocher qui a fait recoudre par sa femme une pièce trop foncée au derrière de son pantalon, ou soutenir que la liberté du débit des prunes à l'eau-de-vie favorise le développement de la prostitution, c'est bonnet blanc, blanc bonnet.

Je le sais ; mais ces choses-là sont toujours bonnes à dire tant qu'il a des gens assez bêtes pour les croire. De même qu'il faut de la religion pour le peuple, il faut des niaiseries pour les jobards. Et puis, la vérité est que j'avais besoin d'un argument pour embêter M. Yves Guyot qui commençait à ébranler l'opinion publique avec sa « *campagne pour l'abolition de la prostitution réglementaire, ingénieux euphémisme pour désigner la liberté de la prostitution.* » Question sur laquelle nous aurions l'occasion de revenir.

XLII

Lui et eux.

« Lui, *c'est M. Benjamin Raspail* » que j'appellerai finement un « *vieux lutteur de la démocratie* » pour avoir l'occasion d'ajouter qu'il a « *trouvé ce titre tout fait* » — ainsi que beaucoup d'autres titres — de rente tout faits aussi, « *dans l'héritage paternel.* » Cette intention ironique n'échappera pas aux esprits distingués qui me lisent ; en effet, que pourrait-on trouver de plus spirituel pour ridiculiser un homme que de lui reprocher d'avoir hérité des vertus de son père.

En insinuant que M. Benjamin Raspail est très riche, je le couvre également d'une honte dont il ne se relèvera pas, car tout le monde jugera sévèrement l'infâme conduite d'un homme qui, possesseur d'une grande fortune lui assurant jusqu'au superflu matériel de la vie, gâche cette vie à revendiquer les droits de ceux qui manquent de nécessaire.

Donc, le vieux lutteur, m'écrit une lettre à cheval pour rétablir, à l'aide de documents officiels, la vérité sur des faits que j'avais légèrement travestis au cours de ces mémoires. Mon excuse est dans ma mauvaise foi ; il ne saurait, pour un homme comme MOI y en avoir de meilleure.

Parlant d'une séance du conseil général ou M. Benjamin Raspail m'avait durement houspillé en me reprochant d'employer dans ma police des individus peu délicats, je m'étais bien gardé de préciser les réclamations de M. Benjamin Raspail et de dire par exemple qu'il m'avait « *signalé un certain brigadier du nom de Lang, qui fit fusiller par son faux témoignage un homme dont toute la vie était une vie d'honneur.* »

Je n'avais pas cru non plus bien utile pour ma gloire de dire à mes lecteurs que le « vieux lutteur » au cours de cette même séance, m'avait aussi désigné un autre agent, le nomma Forcade « *qui avait fait envoyer plusieurs habitants de Gentilly à Nouméa et s'était enfin fait justice lui-même en se pendant* » à la suite d'une autre affaire scandaleuse.

Mais M. Benjamin Raspail s'est amusé à aller déterrer les procès-verbaux du conseil général et m'en envoie des extraits qu'il me somme de reproduire.

Voilà donc une nouvelle occasion pour moi de me servir de mon *paradémentis* qui ne me quitte jamais depuis que je me suis attelé à ce travail de géant. Je l'ouvre prestement et en présente le dôme au « vieux lutteur » grincheux.

Pour dissimuler l'embarras dans lequel me met la reproduction de procès-verbaux officiels, c'est bien simple.

J'esquisse, sous mon *paradémentis*, une cabriole grotesque qui me permet d'esquiver le fond même de la rectification, et dans une pirouette habile, j'avise et saisis au vol une erreur incidente contenue dans le procès-verbal, et je m'écrie vainqueur :

— Forcade s'est si peu pendu qu'après votre

mémorable discours, ô vieux lutteur cam-
phré!... il est venu me voir dans mon cabinet!...

De l'agent Lang, accusé de faux témoignage, de Forcade dénoncé comme pour-
voyeur des pontons, je ne souffle pas mot,
sous mon *paradémentis,* moi malin!... Je me
contente de relever une erreur de détail, qui
n'a rien à voir dans le fond de l'affaire et je
m'écrie : Vous mentez!... Forcade ne s'est pas
pendu!...

Je sais bien qu'en agissant ainsi je risque
d'aggraver la situation du dit Forcade; mais
on se raccroche où l'on peut.

Sur ce, je ferme mon *paradémentis.* Pourvu
qu'il ait le temps de sécher avant la première
giboulée!...

J'ai dit, en tête de ce chapitre : LUI et EUX.
On a vu qui était : LUI. Quant à : EUX, mes
lecteurs s'en doutent, ce sont mes T∴ C∴ F∴
les francs-maçons qui m'ont jugé à Lyon,
comme on l'a vu avant-hier; nous allons en
causer.

XLIII

Mon Jugement.

Cité à comparaître ou à me faire représenter devant la R∴ loge le *Parfait silence* pour y répondre à l'accusation de violation de serment portée contre moi, je me suis empressé de me rendre à l'invitation... que m'avait adressée M. Brasseur d'assister à la première représentation de la *Vie mondaine*.

Je crois que j'y ai perdu. Quoique Berthelier et Milly-Meyer soient très drôles, ça a dû être encore plus cocasse au *Parfait silence*∴ de Lyon qu'aux *Nouveautés* du boulevard des Italiens.

Mes lecteurs ont lu la plaidoirie de mon défenseur d'office : le F∴ Thévenet. Certes, je dois beaucoup de remerciements à mon T∴ C∴ F∴ pour le dévouement dont il a fait

preuve en essayant de **sauver** ma tête ; mais je
dois déclarer qu'il n'a dit que des bêtises. Ce
n'est pas ainsi que j'eusse désiré être défendu.
A la place de mon T∴ C∴ F∴ Thévenet, voici,
il me semble, comment je m'y serais pris :

« TT∴ CC∴ FF∴ — aurais-je dit — l'homme
que vous... n'avez pas devant vous et que
vous accusez de trahison est beaucoup plus à
plaindre qu'à blâmer. Ce n'est certainement
pas un criminel, non !... c'est un blagueur de
naissance qui a longtemps cherché..., que
dis-je !... TT∴ CC∴ FF∴ qui cherche encore
aujourd'hui sa voie. Pourquoi s'est-il fait
franc-maçon, me dites-vous !... mon Dieu !...
TT∴ CC∴ FF∴ c'est bien simple : Il était encore jeune, il avait, comme tous les jeunes
gens, la toquade d'être d'une société quelconque. Malheureusement, dans sa précipitation, il se trompa de porte ; il entra chez les
francs-maçons∴, qui ne pouvaient pas du tout
faire son affaire, croyant entrer chez les *menfou-
tistes*∴, secte nombreuse puissante découverte par Aurélien Scholl et dont les principes
s'adaptaient comme un gant à sa nature... heu-

reuse. Vous ne voudrez pas, TT∴ CC∴ FF∴,
déshonorer mon client pour une simple erreur
de jeunesse !... ne perdez pas de vue qu'il a agi
inconsciemment. Franc-maçon détestable, je
l'avoue, notre F∴ eût fait un menfoutiste∴
remarquable. Que dis-je : EUT FAIT !... je m'ex-
prime mal, car le menfoutisme∴ n'a même
pas le regret de s'être vu enlever par la franc-
maçonnerie∴ cet adepte de luxe !... De nom,
notre T∴ C∴ F∴ était franc-maçon∴ oui ;
mais de fait, il n'a jamais cessé d'être menfou-
tiste∴ Eh ! bien, mes T∴ C∴ F∴ que pouviez
vous demander à un menfoutiste∴ ?... que
pouviez-vous attendre d'un menfoutiste∴ ? de
quoi pourriez-vous rendre responsable un
menfoutiste∴ ? — Le menfoutisme∴ est
comme l'art : il n'a pas de patrie, il n'a pas
de croyance, il n'a pas d'enthousiasme !... Le
menfoutiste∴ est à lui tout seul un sentiment gigantesque qui tient lieu au menfou-
tiste∴ de toutes ces bêtises-là.

» Je pourrais, TT∴ CC∴ FF∴, prendre la défense de mon client par un autre bout et vous
dire qu'il devait bien lui être permis de s'aper-

cevoir au bout de quinze ans que les pratiques
de la franc-maçonnerie.·., auxquelles il avait
commencé par croire, n'avaient décidément
pas le sens commun. Je pourrais appuyer cet
argument par l'exemple des « *jeunes enfants
dont les prêtres pétrissent le cerveau malléable
avec le levain malfaisant du catéchisme* » et
qui ont bien le droit de se dégager de ces sot-
tises quand ils ont atteint l'âge d'homme.

» Je n'emploierai pas ce moyen de défense
parce qu'il sauterait aux yeux du premier
gâteux venu, que ce raisonnement ne rime à
rien et que cet exemple est ridicule, attendu
que lorsque notre T.·. C.·. F.·. est entré dans la
franc-maçonnerie.·., croyant entrer dans le
menfoutisme·.· il avait une bonne trentaine
d'années, c'est-à-dire l'âge où le « cerveau »
commence à ne plus être tout à fait aussi;
« malléable » qu'une assiettée de bouillie. Je
ne risquerai donc pas de me faire moquer de
moi en essayant de faire passer notre F.·. re-
négat, qui a aujourd'hui ses quarante-cinq ans
sonnés, pour un pauvre petit bébé n'ayant
atteint qu'avant-hier l'âge où l'on peut se

rendre compte de l'insanité de certaines su-
perstitions. Je l'essayerai d'autant moins que
le menfoutiste·.· que nous jugeons aujour-
d'hui s'est passé pendant quinze ans autour du
cou, en notre société, un tas de grands cordons de couleurs et des masses de ferblante-
rie qui faisaient de lui un des principaux dignitaires de l'ordre qu'il traite aujourd'hui
comme un Jockey-club de joueurs de bonneteau.

» Non, TT.·. CC.·. FF.·., je n'userai pas pour
sauver mon client, de stratagèmes indignes de
nous et de lui. Je préfère plaider crânement
son irresponsabilité pour cause de menfou-
tisme·.· comme on la plaide souvent devant les
tribunaux pour cause de démence. Je vous le
répète en terminant, TT.·. CC.·. FF.·., le men-
foutiste·.· ne peut jamais être responsable. Il
ne reconnaît rien, il ne tient compte de rien, il
ne sent rien que son amour pour sa propre
personne. Le menfoutiste·.· est capable des
actions les plus noires, mais sans aucune mé-
chanceté, tout simplement par inconscience :
Le menfoutiste·.· lâche des amis comme il lâ-

cherait un... rôt sans idée de mal faire, uniquement parce que ça le gênait. Le menfoutiste·.· prête un serment en blaguant, le viole de même ; il se parjure comme il se mouche et trahit comme il respire. Dirons-nous qu'il soit pour cela imposteur, traître ou félon ?... Pas le moins du monde, TT.·. CC.·. FF.·., il est menfoutiste·.· voilà tout. Vous renverrez donc des fins de la plainte, et sans dommages, notre TT.·. CC.·. FF.·. Touchatout et le laisserez tranquillement promener dans notre ordre sacré.·. son menfoutisme·.· profane, mais absolument inoffensif. Le frapper d'expulsion serait lui donner une importance malencontreuse et l'aider peut-être à vendre des mémoires qui, sans l'incident que vous avez provoqué en les prenant au sérieux, n'occuperaient guère plus aujourd'hui l'attention publique qu'une exécution de *Tristam* et *Yseult* de Richard Wagner. J'ai dit. »

Voilà comment j'aurais voulu que mon ex-F.·. Thévenet me défendît. Il eût ainsi, je ne le mets point en doute, enlevé mon acquittement et je ne recevrais pas, comme j'en reçois depuis deux jours de Lyon, des papiers qui ne se trouvant pas assez grotesques par eux-mêmes, sont encore signés : Soulary, papiers dans lesquels ce F∴ au nom bizarre mais expressif∴ m'informe que, le cumul des titres de menfoutiste∴ et de franc-maçon∴ n'étant pas admis, la loge : le *Parfait silence*∴ me prie d'aller chez les menfoutistes∴ voir si elle y est.

C'est donc fini !... et fini sans retour !... je ne suis plus franc-maçon. Jamais plus je ne vous reverrai, ô mes ex-TT∴ ex-CC∴ ex-FF∴ avec vos jolis petits tabliers de peau — que tout porte à croire de daim !... Plus jamais je n'assisterai à ces imposantes séances d'initiation pendant lesquelles vous vous faites une mâle joie d'abrutir à l'aide de ferraillements idiots, de flammes soufrées et de questions saugrenues, un pauvre diable à qui vous avez préalablement bandé les yeux et soutiré soixante francs de droits d'entrée !... Hélas !... pauvre moi !... Comment pourrais-je vivre maintenant?... le menfoutisme∴ me suffira-t-il !... Je n'ose y croire ; mais j'en suis absolument sûr. Le menfoutisme ∴ a cela de bon qu'il suffit à tout et qu'on ne paie pas de cotisation mensuelle.

Mais, maintenant, il ne s'agit plus de tout cela. C'est fait, c'est fait ; il faut prendre une attitude. Les francs-maçons m'ont flanqué à la porte de chez eux avec tous les égards dus à un invité de marque qui se mouche dans la nappe après le dîner. Il ne faut pas que j'aie l'air vexé, sans quoi, je suis flambé ; — or, pour n'avoir pas l'air vexé, que font les gens que l'on met à la porte de quelque part ?... C'est rudimentaire. Ils se retournent et crient dans le trou de la serrure :

— Si vous croyez que je m'amusais dans votre sale cambuse !... J'allais justement m'en aller... En voilà une boîte !... Il y a des savates qui traînent dans les soupières... on ne peut pas entamer un pot de confitures sans y trouver des épingles à cheveux, sans compter que le maître de la maison joue du hautbois après dîner et que ses enfants reniflent tout le temps à table.

Ce sera ce procédé que j'emploierai afin que l'idée ne puisse venir à personne que mon expulsion de la franc-maçonnerie ait pu m'embêter.

Au cours de ces mémoires, j'espère bien trouver souvent l'occasion de ridiculiser mes ex-FF.·.. Pour aujourd'hui, je me contenterai de leur payer la bienvenue de ma libération en leur rappelant l'histoire du père Cassard de Besançon, qu'ils ont peut-être oubliée.

Le père Cassard, limonadier de profession et franc-maçon .·. de naissance, jouait à sa loge, dans les réceptions, le rôle de décapité. Dans un cabinet très faiblement éclairé était placée, à la hauteur à peu près d'un siège ordinaire, une planche percée d'un gros trou rond.

Un peu avant la cérémonie, Cassard, accroupi dans le coffre, passait sa tête dans ce trou ; un voile ensanglanté tortillé autour du cou, faisait croire que la tête était séparée du tronc ; et quand on amenait le profane, les FF.·. accompagnateurs lui disaient d'une voix enrouée en lui montrant la tête à Cassard : « Voici la bille d'un *frère qui a trahi nos secrets!...* tiens-toi pour averti !... »

Or, il advint qu'un jour, un profane que l'on

se disposait à initier, ayant été laissé seul quelques instants avant la cérémonie dans une pièce attenant au fameux cabinet sombre, fut pris d'un malaise que rien ne nous empêchera d'attribuer à l'émotion inséparable d'un premier début. Une crise suprême lui fit oublier jusqu'à la majesté du lieu où il se trouvait. Il ouvrit une porte qui se trouvait devant lui : c'était celle du cabinet au décapité.

Le profane vit la planche, vit le trou. Cela ne faisait aucun doute pour lui. D'ailleurs, il faut être juste, qui donc n'y eut été trompé?

. . . .

Horreur!... A ce moment, le père Cassard, prévenu par une sonnette électrique que la cérémonie allait commencer, passait justement sa tête dans le trou.·.

On a vu par l'histoire du père Cassard que mes ex-F.·. les francs-maçons eussent été mieux inspirés en ne m'excitant pas, par un jugement grotesque, à raconter des choses qui prouvent que les séances de la franc-maçonnerie ne sont pas beaucoup plus sérieuses que celles du prestidigitateur Dickson, l'habile successeur de Robert Houdin. Au lieu de se taire et de laisser emporter par le vent l'innocent chapitre que je leur avais consacré, les francs-maçons ont voulu regimber et faire les malins, tant pis pour eux. Tout le monde, grâce à moi, sait maintenant à quoi s'en tenir sur l'inanité de cette association de gâteux, qui n'ont pour tout mérite que d'être d'honnêtes et braves cœurs, très enthousiastes et très convaincus, c'est-à-dire moins que rien à une époque où le menfoutisme·· domine et dirige l'humanité.

J'en suis bien fâché pour la franc-maçonnerie, mais elle n'avait qu'à se tenir tranquille, à se laisser vilipender en silence, et à ne pas me forcer à prouver au public qu'elle n'est absolument bonne à rien, si ce n'est à servir de tremplin aux menfoutistes·· ambitieux qui savent l'utiliser pour sauter plus aisément sur les hautes positions ; mais qui, une fois qu'ils en ont tiré tout ce qu'il pouvait leur donner, ont le cœur assez... indépendant pour oublier les grandes vertus de solidarité qu'elle enseigne et qu'elle pratique, et ne se souvenir

que des légers travers de forme qu'elle peut
avoir.

Pour un menfoutiste·.· bien équilibré, la
franc-maçonnerie est comme une sorte de
bonne vieille tante, un peu démodée d'ajuste-
ment c'est vrai, mais douce, tendre et géné-
reuse. Le neveu menfoutiste·.· use largement
de l'appui de la bonne vieille tante; mais
quand il n'en a plus besoin, il ne se souvient
plus jamais d'elle que pour la blaguer sur la
faiblesse qu'elle avait de se faire quelquefois
des réussites et de prendre du tabac à priser.

Je déclare solennellement en terminant ce
chapitre que je ne profiterai pas, de la faculté
d'appel qui m'est accordée par le jugement qui
me défrancmaçonnise. J'ai tiré, et au delà, de
cet incident toute la réclame que j'en pouvais
espérer. Je glisse et n'appuie pas. Aussi bien
d'ailleurs, j'appartiens tout entier maintenant
au menfoutisme·.· et je m'y consacre. S'il y
a des brevets de grand maître dans cet ordre-
là, ce sera bien le diable si je n'en décroche
pas un.

XLIV

M. Gambetta sous la surveillance de la police.

Depuis la rentrée des amnistiés, des menaces de mort s'étaient souvent produites contre M. Gambetta dans des réunions publiques.

Je dois d'ailleurs reconnaître de très bonne grâce, qu'en donnant à entendre à chaque coin de ces mémoires que les communards les plus enragés émargeaient tous à mes fonds secrets, j'ai rudement ciré la planche aux gens disposés à croire que ces menaces de mort émanaient justement de mes mouchards.

Mais pour ceux qui sont d'une nature plus gobeuse, je ne laisserai pas échapper une si belle occasion de les terrifier, sans même leur donner le temps de réfléchir que plus on annonce un assassinat dans les endroits publics,

moins on a l'intention de le commettre. C'est
élémentaire.

Cependant, les amis de M. Gambetta affectaient d'être très inquiets et réussirent même
à communiquer cette inquiétude à M. Cons-
tans, ministre de l'Intérieur, qui me pria de
prendre à cet égard toutes les mesures de pré-
caution possibles.

On savait que M. Gambetta devait aller passer sa saison d'été à Ville-d'Avray, dans une
propriété appelée *les Jardies*, et comme l'on
n'ignorait pas que M. Gambetta, — comme
beaucoup de simples citoyens d'ailleurs, —
quittait quelquefois, en se promenant dans les
bois, le sentier battu pour se perdre un instant dans un massif, les amis de M. Gambetta
avaient une peur bleue que Louise Michel
l'attendît là, blottie derrière un gros arbre.

Je pris donc le parti de faire surveiller très
soigneusement *les Jardies* et j'envoyai deux de
mes fins agents, — les mêmes qui n'avaient
jamais pu trouver Walder, — s'installer pour
toute la saison à Ville-d'Avray, avec mission
de me rendre minutieusement compte de tout

ce qu'ils pourraient remarquer d'insolite autour de la propriété.

Aucune tentative d'assassinat n'eût lieu aux *Jardies* sur la personne de M. Gambetta. A la salle Graffard, les révolutionnaires le condamnaient bien à mort en moyenne deux fois par soirée ; mais jamais aucun des conjurés ne prenait le train à la gare Saint-Lazare pour aller l'exécuter. On a toujours pensé en haut lieu que c'étaient les cinquante-huit sous de voyage qui avaient arrêté les *Panoyaux*.

Cependant, mes deux agents n'en restèrent pas moins à leur poste tout l'été et m'envoyèrent régulièrement des rapports, de la plus haute importance comme on va le voir par les extraits qui vont suivre.

PARENTHÈSE. — Je prie mes lecteurs de ne pas oublier que ces rapports que j'ai emportés de la Préfecture comme papiers personnels, m'avaient été adressés en ma qualité de préfet de police ; et que par conséquent à la grande rigueur, leur place serait peut-être plutôt aujourd'hui dans les casiers de mon successeur que dans mes tiroirs particuliers ; mais je suppose mes lecteurs trop intelligents et surtout trop délicats pour s'arrêter un seul instant à ces misérables détails qui ne relèvent en somme que du sentiment mesquin de la probité et de l'honneur professionnel, une misère !

Cette parenthèse fermée, j'en ouvre une autre, avant de publier les rapports en question, pour dire à mes lecteurs que deux agents en permanence à Ville-d'Avray, pendant cinq mois, ont coûté aux contribuables, en appointements, frais de voyages, loyer, entretien, gratifications, etc... etc..., une somme ronde de quinze mille francs. Ce détail n'est pas insignifiant, car je crois qu'il est bon que l'on sache ce qu'un préfet de police intelligent et qui sait s'y prendre, peut avoir de renseignements de première importance pour la bagatelle de quinze mille francs. C'est inouï ce que l'on peut faire avec de l'ordre et de l'économie ; vous allez voir :

18 *juin* 1880. — Chaque fois que M. Gambetta vient à Ville-d'Avray, on remarque qu'il y amène son domestique pour ne pas être obligé

de faire sa cuisine lui-même. Ce domestique s'appelle Trompette. On le dit bon garçon ; nous tâcherons de le soûler au café pour le faire jaser.

20 juin. — M. Gambetta est arrivé ici aux *Jardies* à onze heures et demie avec une dame L... et son neveu. Détail important : en entrant dans le jardin, M. Gambetta a dit en regardant les arbres : Ça a poussé ferme depuis la semaine dernière.

27 juin. — M. Gambetta a déjeuné dans son jardin à onze heures et demie. L'omelette paraissait avoir un coup de feu.

28 juin. — M. Gambetta a tiré au pistolet. Il a mis cinq balles sur huit dans la cible.

29 juin. — M. Gambetta n'a pas tiré au pistolet aujourd'hui. — Nous avons fait causer Trompette. Trompette a fini par nous confier que M. Gambetta portait des bretelles.

2 juillet. — M. Gambetta a tiré huit balles dans la cible et deux seaux d'eau de puits pour arroser des géraniums.

8 *juillet*. — M. Gambetta et tout son monde sont sortis. On en profite pour ratisser les allées.

12 *juillet*. — M. Gambetta a tiré onze balles, puis il a lu ses journaux, assis sur un banc du jardin. Détail fort important : la pluie étant venue, il est rentré dans la maison.

14 *juillet*. — M. Gambetta est absent. On remarque avec une certaine malveillance que sa maison n'est pas pavoisée à l'occasion de la fête nationale. Si elle l'avait été, on l'aurait également remarqué, mais avec plus de malveillance encore.

19 *juillet*. — M. Gambetta est revenu. Il a un peu engraissé.

28 *juillet*. — M. Gambetta a chassé au lapin.

30 *juillet*. — M. Gambetta a pêché des carpes. Il y en avait une qui paraissait peser dans les trois livres et demie.

9 *août*. — M. Gambetta a tiré huit balles. On

apprend que le jeune homme qu'il a amené avec lui et que tout le monde croyait être son neveu, n'est autre que le fils de sa sœur. Ça met Ville-d'Avray sens dessus dessous.

15 *août*. — M. Gambetta a tiré onze coups de pistolet ; les onze balles sont toutes dans la cible. Se croyant seul dans son jardin, il en a tiré un douzième dont nous n'avons pas trouvé la trace dans le carton.

. . . .

J'arrête ici les extraits de ces rapports qui ont coûté, comme je le disais tout à l'heure, quinze mille francs au budget ; mais qui jettent une si vive lueur sur les agissements de l'*Internationale.*

M. Gambetta, revint à Paris frais et bien portant ; jamais il ne sut de quels dangers je l'avais sauvé pendant sa saison de villégiature. Jamais il ne se douta que la France avait dépensé quinze mille francs pour me permettre de pouvoir imprimer un jour dans mes mémoires que pendant la saison des asperges de 1880, M. Gambetta ne rentra jamais se coucher

sans avoir été faire un tour au fond de son
jardin.

XLV

Les fêtes de Bruxelles.

A l'occasion du cinquantenaire de son indépendance, la Belgique avait adressé à tous les
représentants des grandes municipalités une
invitation conçue à peu en ces termes :

— Voulez-vous, sais-tu monsieur, venir
chez nous profiter sur un bon gigot pour une
fois?

Le conseil municipal de Paris désigna ses
deux plus belles fourchettes : les citoyens Cernesson et Hattat pour assister au banquet
offert par nos voisins d'a cotèye. Mais le gouvernement ne vit pas sans inquiétude le conseil municipal — composé comme je l'ai souvent dit d'hommes mal élevés — envoyer

directement des ambassadeurs chez nos amis les Belges qui sont assez collet monté.

On redoutait les incartades des citoyens Cernesson et Hattat. S'ils allaient profiter de cette réunion pour porter devant le roi Léopold et sa femme des toasts d'un radicalisme échevelé!... S'ils allaient se tenir à Bruxelles comme à Paris, les ongles sales et la pipe à la bouche dans les salons officiels!...

Le gouvernement français pensa que, ne pouvant empêcher ces *Panoyaux* d'aller compromettre à l'étranger notre renom d'élégance, il devait du moins chercher à atténuer les mauvais effets de cette-visite désastreuse en faisant accompagner les citoyens Cernesson et Hattat par un personnage de marque, rompu aux usages du bon ton, qui serait chargé de veiller à ce que les ambassadeurs du club des Panoyaux ne se piquent pas trop le nez, de réparer autant que possible les *gaffes* qu'ils ne pouvaient manquer de faire à la cour de Belgique, et de les empêcher de cracher sur les tapis.

Il ne s'agissait plus que de choisir cet homme

d'une suprême élégance, d'un tact exquis, qui devait sauver notre prestige national à l'étranger en contre-balançant la *muflerie* bien connue de nos édiles parisiens. Mes lecteurs ne me feront pas l'injure de se demander une seconde sur qui pouvait tomber ce choix.

Je partis donc pour Bruxelles avec les citoyens Cernesson et Hattat, qui se conduisirent assez proprement en chemin de fer, je dois le reconnaître.

M. Hattat est un négociant pas trop crasseux qui représente au conseil municipal le quartier de la Porte Saint-Denis. Il a la mine joviale d'un commis voyageur qui vient de faire une belle affaire, doué d'une assez belle prestance, il a l'air content de vivre, cependant sa rondeur m'inquiétait un peu. Je me promis bien de me tenir près de lui quand il saluerait la reine des Belges pour l'empêcher, le cas échéant, de lui taper sur le ventre en lui disant : « Hé bien, la grosse mère!... Il paraît que la nourriture est bonne par ici... On ne vous voit plus les yeux!... »

Quant à M. Cernesson, il n'était pas trop dégoûtant, non plus. Seulement il était « *insuffi-* » *sant au point de vue du prestige physique pour* » *représenter deux millions d'habitants.*» De plus, il avait l'habitude de renifler en parlant et sa cravate était toujours nouée de travers. En un mot, la tenue laissait à désirer; je compris que j'aurais beaucoup de mal à l'empêcher de se fourrer les doigts dans la bouche pendant les dîners de gala.

Je n'étais pas positivement en d'excellents termes avec MM. Cernesson et Hattat. Plusieurs fois au conseil municipal nous nous étions regardés comme des gens qui n'ont pas gardé les... mouchards ensemble; mais en voyage, le besoin que chacun éprouve d'allonger ses jambes a souvent raison des haines les plus féroces; si bien qu'à la seconde station, nous étions déjà tous les trois comme une paire et demie d'amis. Cernesson, préludant à la noble attitude qu'il devait conserver tout le temps à la cour du roi Léopold, avait retiré ses bottines; et Hattat, se mouchait dans ses doigts avec autant d'aisance que s'il eût été à une soirée de l'Élysée.

Pendant le voyage, nous feuilletâmes un superbe atlas des anciens plans de Paris que le conseil municipal envoyait comme cadeau au roi des Belges. Cet hommage rendu par des *Panoyaux* à un tyran me rassura un peu sur la crainte que j'avais pu concevoir de voir Cernesson et Hattat aborder Léopold en le traitant de grande crapule. Décidément les *Panoyaux* s'humanisaient; on pouvait, avec certaines précautions, les mener dans le monde.

Malgré tout, je n'étais pas absolument tranquille. Nous arrivâmes à Bruxelles et on nous introduisait auprès du roi, qui nous attendait.

C'était le moment d'ouvrir l'œil. J'avais eu toutes les peines du monde à obtenir que Cernesson se lavât les mains avant d'entrer. Quant à Hattat, ça avait été la croix et la bannière pour le décider à changer de faux-col et à se faire raser.

Je rachetai de mon mieux l'incorrection de la tenue de mes compagnons par l'élégance naturelle de la mienne. J'avais des gants encore plus gris et encore plus perle que ceux qui m'avaient servi à expulser les jésuites de la rue de Sèvres.

En attendant l'arrivée de Leurs Majestés, nous prîmes place dans un grand salon où étaient rassemblés les délégués des diverses municipalités.

Il y avait là le lord-maire, le grand shériff de la cité de Londres, les maires de Saint-Pétersbourg, de Berlin, de Vienne, de Madrid, de Genève, etc., etc. C'était fort important. Je complétais naturellement ce magistral ensemble qui n'était déparé que par la présence de mes deux compagnons peu faits dans une figuration aussi solennelle.

Cependant, je les contenais de mon mieux et faisais l'impossible pour dissimuler leur mauvaise tenue. Ainsi, j'avais été obligé de tousser très fort pour que l'on n'entendît pas Hattat s'écrier en entrant dans le salon : « N...

» d... D... ont-ils tous des têtes !... »

Le roi et la reine entrèrent. J'étais couvert d'une sueur froide tant je craignais un pétard de mes deux compagnons. Ça ne rata pas. Comme nous avions attendu à peu près dix minutes, Cernesson en voyant entrer Léopold et la reine, s'écria : « Ah ! les v'la !... c'est pas dommage. » Je sauvai la situation en disant au roi et à la reine : Sire !... Madame !... mes amis ont l'honneur de dire à Vos Majestés qu'il n'*est pas d'hommage*... assez grand qui puisse vous être rendu !... »

Vinrent ensuite les présentations et les conversations, pendant lesquelles Hattat et Cernesson me firent faire un sang noir comme de l'encre. Je ne pouvais pas les faire tenir en place. Hattat faisait le tour du salon en redressant les tableaux qu'il trouvait de travers ; il demandait au roi si les candélabres étaient en plaqué et estimait les meubles tout haut. Cernesson, lui, essayait d'être aimable. Il se mouchait bruyamment chaque fois que le roi allait parler, demandait des nouvelles des enfants ; se levant à chaque instant pour aller cracher dans la cheminée, et pour couronner la série de ses gracieusetés, demandait à brûle-pourpoint à la reine qui venait de poser son pied sur un coussin : « Votre Majesté chausse » du 41 large si je ne me trompe ?... »

Heureusement, l'atlas que nous avions apporté vint faire une diversion; et pendant que le roi et la reine le feuilletaient, on n'aperçut pas que Cernesson et Hattat, embêtés par ce cérémonial, s'étaient mis dans un coin du salon et jouaient une consommation au bézigue.

Un buffet avait été dressé dans le salon à côté. Cette circonstance nous sauva. Quand on ouvrit la porte, Hattat et Cernesson se précipitèrent sur les sandwichs et les liquides avec une fougue toute démocratique.

Cernesson eut une dernière *gaffe*, mais que j'étouffai adroitement en faisant claquer mon gibus au moment où, bourré de galantine, il demandait à un domestique : « Un canon de la » bouteille!... »

Cependant, en dépit de mes efforts, l'attitude de mes compagnons ne pouvait échapper complètement à nos hôtes royaux ni à leur entourage. A quelques clignements d'yeux qui m'étaient adressés, je comprenais très bien que l'on me disait : Quel drôle de monde vous nous avez amené là! mais je voyais aussi à

à n'en pas douter que ma distinction suprême,
la finesse de mes madrigaux et la nuance péné-
trante et capiteuse de mes gants gris-perle,
compensaient et au delà, aux yeux de ce
monde aristocratique, les... inexpériences de
mes compagnons à qui le frottement des am-
bassades avait trop manqué pour qu'ils devins-
sent comme moi une veloutine d'élégance.

Les fêtes de Bruxelles durèrent quelques
jours. Ce que Cernesson et Hattat me firent de
pataquès !... je renonce à le dire. Le roi des
Belges ne les fit pas moins, avant leur départ :
le premier, commandeur de l'ordre de Léopold ; le second, officier.

Inutile de dire que ça leur allait comme un
camélia à une veste d'égoutier.

Moi, je fus fais grand officier du même
ordre.

Enfin, les fêtes terminées, je pus quitter mes
deux compagnons et revenir à Paris où une
lettre comminatoire du conseiller Jules Roche
me réclamait.

Ce voyage avait été fort pénible pour moi ;
mais j'avais du moins la satisfaction [d'avoir

rendu service à mon pays en dissimulant de mon mieux aux yeux de l'étranger quelques-unes de ses infirmités.

XLVI

M. Jules Roche. — Les odeurs de Paris.

M. Jules Roche, conseiller municipal venait de m'adresser une lettre dont voici à peu près la teneur.

« Monsieur le préfet de Police,

» C'est absolument dégoûtant ! on ne peut plus respirer à Paris. Les soirées et les nuits surtout sont empoisonnées et les gens qui rentrent du spectacle n'ont plus que la ressource, pour avoir de l'air un peu moins empesté, de suivre les voitures de la compagnie Richer. — Qu'est-ce que vous fichez donc, vous et votre conseil de salubrité ? Je vous préviens qu'à la première séance du conseil, je me propose de vous interpeller et raide à ce sujet. »

Le ton cavalier de cette lettre fit un excellent effet aux yeux des électeurs de Jules, qui se dirent : « C'est tapé !... il ne prend pas de mitaines pour lui parler au Préfet de police. »

Jules connaissait parfaitement son affaire. Il savait que tant que les électeurs disent : C'est tapé... l'élu est dans de bonnes conditions; c'est pourquoi il m'avait brutalisé devant le monde.

Au fond, Jules et MOI, nous étions les meilleurs amis du monde et depuis fort longtemps. Du reste comment eût-il pu en être autrement ? Doués tous deux d'une nature à peu près pareille, nous avions débuté ensemble dans le menfoutisme·.· vers 1863.

Tous deux à cette époque, nous étions avocats et « *nous nous disputions l'honneur de* » *prendre les intérêts de l'orphelin et le capital* » *de la veuve,* » je n'hésite pas un seul instant à imprimer ce mot démesurément spirituel qui couvre d'une abjection profonde ma première profession, parce que j'ai toujours eu pour principe qu'un bon menfoutiste·· ne devrait pas hésiter à déshonorer son père du moment qu'il trouverait l'occasion de faire un mot de vaudeville.

Jules Roche, au début de sa carrière, était entré dans le cléricalisme avec le même cœur léger que j'étais entré, moi, dans la franc-maçonnerie... Il l'avait lâché plus tard avec la même désinvolture, si bien qu'après le 4 septembre il se trouvait presque aussi avancé que Blanqui et tout désigné pour les emplois publics.

Plus tard, poursuivi par le gouvernement du 24 mai pour usurpation, il m'appela à Provins pour le défendre ; et grâce aux témoignages bienveillants de tous les curés de l'arrondissement qu'il avait fait citer, grâce également à mon éloquence, il fut acquitté.

Plus récemment, il a lâché l'intransigeance pour l'opportunisme, comme il avait lâché le cléricalisme pour le radicalisme, comme demain, il... mais n'anticipons pas.

Si bien qu'aujourd'hui, Jules se trouve par

ses antécédents politiques variés, admirablement placé au centre de ce carrefour — objectif de tous les hommes vraiment doués — qui commande toutes les avenues de la politique, et d'où l'on peut, selon les circonstances, choisir celle qui mène au pouvoir.

Ce rapide portrait de mon ami Jules suffira à démontrer à mes lecteurs à quel point nous étions faits, MOI et lui pour nous entendre. Aussi ne surprendrai-je personne en déclarant que la vivacité de son attaque à propos des mauvaises odeurs de Paris, ne me causa aucune peine.

Je compris très bien que pour sa galerie il était obligé de me parler un peu sec, de même que pour la mienne, je me disposai à lui répliquer vertement.

Mais, le rideau baissé, deux augures tels que nous ne pouvaient manquer de s'éclater de rire au nez, et de se mettre à causer gaîment du bon vieux temps où tous deux jetaient les bases de leur fortune politique : l'un en montant le coup aux sacristies, l'autre en jobardant les francs-maçons.

Quant aux odeurs de Paris dont j'ai promis de parler au début de ce chapitre, nous les remettrons, si vous le voulez bien, à un prochain.

D'autant plus qu'en fait de mauvaises odeurs, ce que j'ai narré dans le présent chapitre de l'attitude de deux grands hommes d'État : MOI et Jules, peut je crois passer pour un acompte assez présentable.

XLVII

Les suites des décrets. — Démission du cabinet Freycinet.

Je n'avais jamais cessé de dire aux ministres : « Méfiez-vous... vos décrets d'expulsion » finiront par vous jouer un vilain tour !... » Ils n'en avaient fait qu'à leur tête ; mais l'avenir devait me donner raison.

Dès le 5 juillet 1880, j'écrivais ceci — ou à peu près — au ministre de l'Intérieur.

« Si le gouvernement persiste dans ses ex-
» pulsions *manu militari* et les étend aux
» communautés de femmes ; en un mot, « *s'il*
» *ne fait pas à temps* « *machine en arrière* » il y
» aura du grabuge !... car l'opinion publique,
» qu'on ne s'y trompe pas, est loin d'être
» favorable au renvoi des congrégations. »

En écrivant cela au ministre, je lui mon-
tais un coup atroce, essayant de l'effrayer afin
qu'il ne me fît plus réveiller en sursaut la nuit
pour aller déménager des frères ignorantins
comme il l'avait fait pour les jésuites de la rue
de Sèvres.

J'en avais assez, à peine rentré de soirée et
allongé chaudement sous l'édredon, d'être
flanqué en bas de mon lit par une dépêche affolée du commissaire de police Clément, dit *la*
colique, toujours prêt à me déranger à propos
de rien pour un... (officier de) paix de travers.

Je n'avais donc pour objectif que d'assurer
ma tranquillité personnelle, en essayant de
faire croire au gouvernement que l'exécution
des décrets était impopulaire. Je savais très

bien que je lui contais là une bourde insensée,
et que ceci qui était vraiment impopulaire et
nous couvrait tous de ridicule, c'était, non
pas l'exécution des décrets; mais la façon
molle indécise, craintive et... tartufe, di-
sons le mot, dont ils étaient exécutés.

Si nous avions pris les congrégations par la
peau du dos — sans brutalité, mais résolument
— et les avions déposées sur le trottoir —
sans leur faire de mal, mais en les regardant
bien entre les deux yeux — l'opinion publique
n'aurait pas en un seul instant la pensée de
nous désapprouver; au contraire.

Mais ce qui expliquait qu'une fraction de
cette opinion publique se permît de nous
crier: « *A la chienlit !* » c'était notre attitude
timide, embarrassée, interlope pendant que
nous faisions, comme en tâtonnant et à regret,
une besogne qui demandait avant tout à être
faite crânement et surtout sans une apparence
de remords.

Quoique l'opinion que j'exposais au ministre
fût absurde, je réussis à la lui faire admettre,
et dès le 20 juillet, le président du conseil pro-

fita de l'occasion d'un banquet à Montauban pour faire des déclarations qui indiquaient l'intention de faire — comme je le lui avais conseillé — « machine en arrière » dans la question de l'exécution des décrets.

Entre autres choses, qui tendraient peut-être à prouver que les hommes politiques devraient ne parler qu'à jeun, M. de Freycinet dit, en substance, ceci au dessert du banquet des Montaubenêts :

« Nous ne sommes pas, comme on le pré-
» tend, les ennemis de la religion. Au con-
» traire ! « *Nous la respectons profondément et*
» *voulons la défendre.* » Nous avons expulsé
» 19 jésuites sur les 32,000 congréganistes
» placés sous le coup des décrets. Mais si nous
» avons dispersé ces 19 là, plutôt par amour-
» propre et pour affirmer notre autorité que
» pour leur faire de la peine, il ne s'en suit
» pas que nous devions embêter les 31,981 au-
» tres ! notre intention, au contraire, est de les
» laisser bien tranquilles, et de profiter de ce
que « *le décret spécial qui les vise n'a pas fixé*
» *la date de leur dissolution et nous laisse*

» *maîtres de choisir notre heure* » pour arrêter
» la pendule de façon à ce que cette heure ne
» sonne jamais. »

« *Ces paroles conciliantes* » si toutefois il est
permis d'appeler conciliation la retraite piteuse
et en désordre d'un des combattants, « sur-
prirent l'opinion » laquelle opinion ne pouvait
pas arriver à comprendre pourquoi après avoir
annoncé qu'on allait envoyer 32,000 congréganistes voir au Vatican si la colonne Vendôme
était de travers, on déclarait tout à coup que,
toute réflexion faite, on allait s'arrêter au dix-
neuvième.

Devant les baisers si tendres que leur envoyait de Montauban, le Président du conseil,
les congrégations ne voulurent pas être en reste
de tendresse. Elles répondirent par une déclaration où il était dit que « *les congrégations*
» *n'avaient jamais songé à ne pas se soumettre*
» *aux institutions du pays* » et qu'elles conti-
» nueraient « *à enseigner par la parole et par*
» *l'exemple l'obéissance qui est due à l'autorité*
» *dont Dieu est la source.* »

Cette dernière phrase faisant un certain

effet à la lecture, le gouvernement ne pensa pas trop à regarder ce qu'il y avait dedans au juste, et s'en fit un velours sur l'estomac.

Pourtant, si l'on avait pris la peine d'éplucher un peu la chose ; on aurait compris que les congrégations en s'engageant à enseigner l'obéissance « *due à l'autorité dont Dieu est la Source,* » se réservaient naturellement et mentalement de dire : Zut ! aux autorités dont Dieu n'était pas la source.

Or, comme les congrégations sont presque toutes à la tête d'une exploitation *d'autorités minérales de table* qu'elles débitent à leur clientèle, sous l'étiquette :

SOURCE DE DIEU

GRANDE GRILLE

à des prix suffisamment fabuleux, il y avait gros à parier qu'elles se promettaient bien *in petto* de ne reconnaître comme autorités provenant de la source de Dieu que celles sortant de leurs laboratoires.

Malgré tout, cet échange inopiné de douceurs entre gens que l'on croyait sur le point de se manger le nez, fit naître un espoir d'apaisement dans le cœur de beaucoup de gens.

Certains hommes — qui ne passent pourtant pas pour naïfs — crurent à la possibilité d'arranger pacifiquement les choses : entr'autres Guibert, archevêque de Paris et le cardinal de Bonnechose (qui cette fois en avait bien l'air) — archevêque de Rouen. On s'occupa même de la question au Vatican : M. Desprez, notre ambassadeur auprès du Saint-Siège avait déjà ébauché, à cet égard, quelques négociations dont je regrette bien de ne pas connaître les bases, car elles devaient être d'un comique achevé et contenir au moins deux ou trois dispositions qui obligeaient la République française à brosser les souliers du pape tous les matins.

Malheureusement, tous ces beaux plans de pacification tombèrent à l'eau. Les collègues de M. de Freycinet ne se crurent pas engagés par ce que ce ministre avait pu dire après le dîner de Montauban ; et il dut se retirer cédant

la place au nouveau cabinet dirigé par M. Jules
Ferry, lequel cabinet n'apportait pas dans ses
portefeuilles autant de bonnes choses que
le cardinal de ce nom en avait espérées la
veille.

Quant à moi, ce nouveau, revirement de la
politique, me vexait considérablement. Je
pressentais bien qu'avec M. Jules Ferry l'exécution des décrets n'allait plus traîner et que
j'allais en être très prochainement pour pas
mal de paires de gants gris-perle.

Je ne me trompais pas.

XLVIII

Dernières exécutions des décrets.

A peine installé, M. Jules Ferry donna des
ordres pour que les décrets fussent exécutés
dans toute la France. Au mois d'octobre l'action fut engagée en province. Dans toutes les

congrégations on trouva la mise en scène de
de résistance passive réglée de la même façon.
Partout, on trouva des clous dans les serrures, des portes scellées qu'il fallait enfoncer,
des triples verrous qu'il fallait faire sauter,
des capucins qui avaient mis de grandes perruques et s'échappaient en faisant la grimace
aux préfets au moment où ceux-ci croyaient
les empoigner par les cheveux pour les faire
sortir de leurs cellules.

Le récit de tout cela me faisait beaucoup
rire parce que ça se passait en province et que
je n'y étais pas. Mais ce qui me semblait moins
gai c'est qu'à Paris, il y avait pas mal de congrégations à expulser et que c'était sur mon
dos qu'allaient tomber toutes ces mauvaises
plaisanteries.

Les rapports que je recevais de mes agents
ne laissaient aucun doute sur l'accueil que me
préparaient les capucins, maristes, rédemp-
toristes et autres fumistes que j'allais être
chargé d'exécuter au premier jour.

Le général Charette préparait — me disait-on
— un grand mouvement légitimiste dont

24.

l'exécution des décrets serait le signal. Il prétendait « *avoir dans la main la magistrature,* » *l'armée et le clergé, Cissey, Ducrot, et même* » *Mac-Mahon !* » On comprend si cela devait me rendre rêveur !... Que faire !... et où serait le « manche » le lendemain matin. Cruelle perplexité pour une grande âme de fonctionnaire... qui voudrait bien ne pas perdre sa fonction !...

Rue de la Santé, on annonçait une résistance d'un caractère des plus inquiétants : des femmes se tenaient en permanence dans la chapelle et avaient déclaré qu'elles n'en sortiraient que « *traînées* » dehors. Mes agents oseraient-ils porter la main sur toutes ces Lucie Bernage sacrées !...

Chez les maristes de la rue de Vaugirard, rue Picpus, chez les dominicains, les oratoriens, partout enfin !... on signalait les mêmes précautions, les mêmes préparatifs de résistance.

Ah !... je n'étais pas à la noce !...

Enfin le 4 novembre arriva. Nous étions à la veille de la dernière exécution des décrets. Il fut décidé qu'on agirait résolument, sur tous les points à la fois, dès la première heure du jour suivant.

A minuit, on m'apportait cinq paires de gants gris-perle de chez le dégraisseur : C'était ma veillée des armes !... Je me jetai sur mon lit tout habillé pour prendre un peu de repos ; mais je fus très agité par un cauchemar persistant.

Aussitôt que je fermais les yeux je voyais se dresser devant moi un grand balai fantastique qui me faisait la grimace en ricanant ; et j'avais beau chercher, je ne pouvais pas parvenir à découvrir de quel côté était le manche !...

Le 5 novembre à cinq heures du matin, onze couvents recevaient la visite des commissaires de police, accompagnés de sapeurs-pompiers qui étaient chargés, en cas de besoin, de bousculer les meubles placés derrière les portes par les congréganistes.

A neuf heures du matin, tout était fini. Les capucins parurent assez surpris de voir que leur expulsion n'avait pas même causé autant

d'émoi dans les rues que ne l'eût fait la mise
à la fourrière d'une voiture trouvée sans cocher sur la voie publique.

Ce fut à peine si la résistance à l'intérieur
des couvents se manifesta. Encore ne se tra-
duisit-elle timidement que par quelques matelas jetés en travers des couloirs pour gêner
la marche de mes agents. — Quelques arrestations eurent lieu. C'étaient des catholiques ou
royalistes grincheux qui, se trouvant là,
avaient légèrement invectivé les officiers de
paix ; mais comme ces grossièretés leur
avaient été dites par des gens bien élevés, et
surtout bien habillés, mes agents n'y mirent
pas l'aigreur qu'ils n'eussent pas manqué de
montrer s'il se fût agi d'ouvriers un peu partis
un samedi de paye et qui les eussent regardés
en ricanant.

Ces quelques arrestations ne furent pas
maintenues ; et MM. de Beaurepaire, Ponton
d'Amécourt, et autres illustrations de l'armo-
rial, purent rentrer tranquillement chez eux,
bien qu'ils se fussent mis dans le cas d'être
arrêtés comme n'eussent pas manqué de l'être

de simples ébénistes en goguette. Je n'aurais jamais d'ailleurs prêté la main à ce que les plus beaux noms de France couchassent au poste, même après avoir fait tout ce qu'il fallait pour cela.

Ainsi se termina, sans que j'eusse cette fois à y souiller mes gants gris-perle, cette dernière exécution des décrets qui avait été pour moi un véritable cauchemar.

XLIX

Lettres anonymes. — Cartes postales et chantage.

A l'instar des trois quarts et demi des chapitres composant ces mémoires dignes de figurer à l'exposition des arts incohérents, celui-ci vient se plaquer dans mon livre comme une touffe de cheveux sur une assiette de soupe au potiron.

En effet, je n'ai pas plus de raison pour parler des maîtres chanteurs immédiatement après avoir parlé des congréganistes que je n'en aurais par exemple pour entretenir mes lecteurs des *vacheries modèles* comme suite à une étude sur le corps de ballet de *Trottoir-Théâtre*.

Mais je ne puis perdre de vue mon programme serré, qui m'impose l'obligation de ne traiter sous le titre alléchant de *Mémoires d'un préfet de police* que des sujets absolument étrangers à cette fonction, et sans aucun intérêt pour le public, que mon devoir est de surprendre sans cesse en lui parlant des horloges pneumatiques juste au moment où il s'attend à ce que je lui parle de l'arrestation de Walder.

Je dirai donc ici que le préfet de police a fréquemment l'occasion d'intervenir dans les délicates circonstances où l'honneur des familles peut être compromis par le chantage et la diffamation anonyme.

C'est bien le moins que je profite de cette circonstance, puisque je l'ai fait naître, pour

conseiller à M. Cochery de supprimer les
cartes postales, à l'aide desquelles les malfaiteurs propagent trop aisément leurs insinuations malfaisantes. Ainsi, par exemple, quoi
de plus ennuyeux pour un honnête citoyen
que de recevoir des mains de son concierge,
qui l'a lue et l'a fait lire à tous les locataires
de sa maison, une carte postale contenant
ceci :

« J'ai l'honneur de vous informer que la
» réparation de votre bandage herniaire est
» terminée. »

Ou bien encore ceci :

« Sachant que vous êtes à la veille de dépo-
» ser votre bilan, je viens vous offrir mes ser-
» vices comme comptable. »

Ou enfin ceci :

« Je vous envoie, comme vous me le deman-
» dez, ma brochure sur le traitement de la sté-
» rilité. »

Une chose plus grave encore, c'est le *chan-*

tage. Chacun sait que ce genre d'opération consiste à écrire à un monsieur ou à une dame :

« Si vous ne m'envoyez pas cinquante francs, » je dis tout à votre femme, — ou : « à votre » mari », selon le cas.

Les trois quarts du temps, celui qui écrit cela ne sait rien du tout et n'aurait rien à dire ni au mari ni à la femme ; et pourtant, il est excessivement rare que cette menace, quoique lancée dans le vide et au hasard, ne tombe pas sur quelque chose, attendu qu'il est malheusement fort peu de ménages où l'équilibre de la fidélité conjugale soit assez parfait pour ne pas laisser place à cinquante francs de révélations.

Alors que fait le plaignant, qui ne se sent pas assez d'aplomb pour affronter le scandale d'un procès public? il s'adresse au préfet de police pour qu'il « *mette fin sans publicité à une persécution déshonnête à l'aide des moyens dont il dispose.* »

« *Les ennemis de l'arbitraire* » disent à cela que

le préfet de police devrait répondre au plaignant ou à la plaignante :

— Si vous n'avez pas trompé votre mari — ou votre femme, — qu'avez-vous à craindre ? Envoyez donc votre maître chanteur à la correctionnelle voir si vous y êtes !... je n'ai pas à m'occuper de ces choses-là.

Moi, je ne suis pas de cette école. Je crois que si l'on veut qu'un préfet de police ait quelques moments de plaisir, en sus de ses appointements, il faut lui donner le droit de pénétrer dans les ménages unis et surtout dans les autres de façon à ce qu'il puisse rafistoler ceux-ci ou disloquer ceux-là selon que ça l'amuse. J'ai eu souvent à intervenir dans des questions de ce genre, et m'en suis toujours tiré avec le tact exquis que l'on me connaît ; mais comme ce sont MES mémoires que j'écris, mes lecteurs trouveront tout naturel que je commence par leur raconter une histoire, arrivée sous l'administration d'un de mes prédécesseurs et dans laquelle je ne suis pour rien du tout.

Voici la chose : Tout le monde se souvient

d'un certain romancier du nom de Fervacques qui écrivait à l'usage des gens bien élevés, dans un journal à clientèle aristocratique, des feuilletons d'une suprême élégance. Ce Fervacques avait une liaison avec une de ses jolies lectrices, mariée et riche. « *Quand le roman fut* » *terminé, Fervacques voulut être* péché... » pardon !... *payé à la ligne.* » Il menaça la dame de publier des lettres en feuilletons dans son journal des gens bien élevés, si elle ne les rachetait pas.

La dame alla trouver le Préfet de Police, qui était un homme fort aimable et le pria de la sortir de ce mauvais pas, ce que mon prédécesseur fit de la manière suivante :

Sous prétexte que Fervacques portait sans en avoir le droit une décoration étrangère, il fut arrêté comme un voleur sur la voie publique et jeté en prison, pendant que le préfet faisait enlever chez lui tous ses papiers dans lesquels il retrouvait les fameuses lettres qu'il rendait à la dame.

On le voit : c'est simple comme bonjour, et le système de justice sommaire et bastillatoire, m'a toujours semblé le comble du genre. Beaucoup de gens crièrent au scandale et blâmèrent mon prédécesseur d'avoir transformé la Préfecture de police, qui est un service public, en une sorte d'agence générale pour favoriser le développement de l'adultère et le reboisement des cocus. On trouva exorbitant qu'un particulier, prévenu d'un délit puni de seize francs d'amende, pût être arrêté et retenu en prison pour laisser à un tiers le temps de fouiller dans ses tiroirs et d'y prendre tout ce qui pouvait être à sa convenance. — Moi, j'ai, en ces matières, on le sait, des principes bien arrêtés. Loin de blâmer la conduite de mon honorable prédécesseur, je l'admire, par cette simple raison que « *le résultat qu'il obtint* » *ne permet pas de lui tenir rigueur pour les* » *moyens qu'il employa.* » Cet argument qui ne serait peut-être pas suffisant pour figurer dans un cours de morale à l'usage de l'enfance, l'est assez selon moi pour servir de programme aux nobles agences de filage et de guet-apens que le regretté Morin a illustrées, et de devise sacrée au fronton du palais de la préfecture de police — telle que je l'ai toujours rêvée.

Pendant mon administration, un fait analogue à celui de Fervacques se produisit. Il s'agissait également de l'honneur d'une femme, belle, jeune, portant un nom illustre, à qui un misérable demandait cent mille francs pour lui rendre des lettres compromettantes.

Faire embastiller le monsieur, comme l'avait fait mon prédécesseur, fut pour moi l'affaire d'une demi-heure.

Chercher partout les lettres de la dame fut également pour moi l'affaire d'une minute; et ne les trouver nulle part, naturellement, l'affaire de quinze jours. — Je voulais bien plagier mon prédécesseur en cherchant quelque chose; mais ma nature spéciale s'opposait absolument à ce que je poussasse l'imitation jusqu'à le trouver.

Je tenais pourtant à ravoir ces lettres compromettantes. Voici comment je m'y pris : Ayant eu connaissance que mon prisonnier était gravement malade et se traitait à la morphine, je le fis venir dans mon cabinet et lui tins, en langage moderne, ce discours du onzième siècle :

— Ce que vous ne voulez pas faire de bonne volonté, cher monsieur, la torture vous l'arrachera. Je n'ai pas de coins de bois à vous enfoncer à coup de maillet entre les chevilles des pieds, je n'ai pas non plus de gril assez grand pour vous transformer en hareng sauce moutarde; mais, je puis, en vous privant de morphine, vous rendre fou en cinq jours, votre médecin l'affirme. Et une fois que vous serez fou, je puis vous faire enfermer à Charenton jusqu'à ce que vous ayez retrouvé assez de raison pour avoir perdu la tête et me rendre les lettres que je vous demande.

— Mais !... me répondit le prisonnier, vous n'avez pas le droit de faire cela, monsieur le Préfet !... Donnez-moi des juges; c'est tout ce que votre devoir vous permet contre moi !...

A quoi je répliquai :

— Vous êtes encore plus coupable que je ne le croyais, puisque vous joignez à l'infamie la naïveté de croire que la conscience d'un préfet de police n'a pas le droit d'exproprier autour d'elle tous les scrupules vulgaires qui la gênent pour s'élargir.

Là-dessus, je fis reflanquer mon homme dans son cachot, en donnant ordre que l'on facilitât l'augmentation de sa fièvre en lui mettant du poivre de Cayenne dans sa soupe et en ne lui donnant pas à boire ; et j'attendis.

Pas longtemps !... Quand l'homme vit qu'il était bel et bien flambé ; quand il comprit que le principe sacré : *Tous les Français sont égaux devant la loi*, ne protégeait pas ceux que l'on faisait passer derrière, il fut pris d'un accès d'épilepsie, au cours duquel, pour obtenir un demi-verre d'eau fraîche, il avoua tout ce que je voulus et me rendit les lettres. Enfin !... j'avais donc, moi aussi, sauvé l'honneur d'une femme adultère !...

Plusieurs fois pendant mon administration, j'eus recours à des moyens analogues pour masquer aux yeux des profanes les perforations de certains contrats de mariage armoriés que de grandes dames très bien, avaient imprudemment transformés en cartons de cible du tir de Vincennes.

On me dira à cela... Que ne dit-on pas !... On me dira que s'il est permis à un préfet de police de faire à son gré, arrêter et torturer des citoyens tout simplement pour faire plaisir à d'autres citoyens, il n'y a plus de raison pour que ce préfet de police n'étende pas ses attributions jusqu'à mettre des lettres de cachet à la disposition des belles-mères, contre les gendres qui ont cessé de plaire.

Parfaitement !... Où serait le mal?

On me dira aussi qu'en révélant au public des abus de pouvoir aussi scandaleux que ceux que j'ai commis, je vais soulever l'indignation de tout le monde et rendre la préfecture de police odieuse et peut-être même impossible à conserver sur des bases aussi répugnantes.

Je vous demande un peu ce que ça peut me faire, maintenant que je n'y suis plus !...

L

M. Georges de Carmona.

« *Si, dans la plupart des cas, la discrétion*
et la crainte de voir crever la soie de mon
paradémentis, m'oblige à taire le nom des
personnes » il en est d'autres, au contraire, où
je crois devoir les nommer en toutes lettres ;
et ces derniers, naturellement, sont toujours
ceux qui n'offrent aucun intérêt.

Ainsi, par exemple, j'ai à révéler je suppose
qu'un amnistié de la Commune est venu me
demander une place de mouchard. Je dis : le
nommé *** anarchiste endurci faisait partie de
ma police secrète ; mais je garde son nom
« *dans le tombeau des secrets.* »

Mais si j'ai à divulguer que M. Cabasson
portait des lunettes de myope nº 9, j'imprime
carrément, du ton de défi d'un homme qui ne

craint rien et n'a pas la langue dans sa poche :
M. Cabasson portait des verres concaves n° 9.

Cette réserve de bon goût dans certains cas
et cette crânerie frisant la témérité dans certains aut.es a surtout pour effet de rendre
mes mémoires aussi inutiles qu'insignifiants,
puisque dans les circonstances où la publication d'un nom propre pourrait offrir quelqu'intérêt, je ne le publie pas; et que dans celles
où le nom est tout à fait indifférent, je le publie.

Mais beaucoup de gens ne s'aperçoivent pas
tout de suite du truc, et mon but est atteint,
puisqu'en éditant ces mémoires, je n'ai en vue
que ceci : ne rien mettre dedans... que mes
lecteurs, en leur faisant croire que j'y ai mis
quelque chose.

M. Georges de Carmona était un riche et honorable Mexicain, fixé depuis cinq ou six ans
à Paris, où il dépensait énormément d'argent
en œuvres artistiques, fêtes, etc., etc...

Il était reçu dans les maisons du meilleur
monde, et même aussi à l'hôtel Basilewski
chez la reine Isabelle.

Tout à coup, une nuée de dénonciations anonymes s'abattit autour de M. Georges de Carmona, et faillit lui fermer toutes les portes. Moi-même, j'avais reçu une lettre signée « *des Mexicains honnêtes et tranquilles* » dans laquelle M. Georges de Carmona était traité comme le dernier des joueurs de bonneteau.

« *Je crus utile de faire une enquête sur les antécédents de M. de Carmona.* » Pourquoi crus-je cela utile? Je serais bien embarrassé de le dire, attendu que cela ne me regardait pas du tout, et que si ce Mexicain était réellement ce que l'on disait, c'était l'affaire des gens qui le recevaient de s'en assurer et de le mettre à la porte.

Mais — comme mes lecteurs le savent amplement maintenant — j'avais une manière toute spéciale et bien à moi d'envisager les attributs de MA préfecture. Mon idéal était d'étendre ces attributions de telle façon qu'il ne fût plus possible à un particulier de se passer de mon intermédiaire soit pour marier sa fille, soit pour changer d'oculiste, soit pour inviter quelqu'un à dîner, soit pour choisir entre l'emploi de l'huile de ricin et l'usage des pilules suisses.

Assez longtemps la préfecture de police avait végété dans le rôle subalterne de grand service public; il était temps qu'un homme de génie vînt l'élever au rang de succursale de l'agence Tricoche et Cacolet.

Je crus donc utile, comme je l'ai dit plus haut, de faire une enquête sur les antécédents de M. Georges de Carmona, horriblement abîmé par les racontars qui voltigeaient autour de lui. On l'accusait de choses si épouvantables que je ne pouvais comprendre, pourquoi — si elles étaient vraies — le gouvernement mexicain ne m'avait pas demandé son extradition — et j'en étais arrivé à croire que le Mexique connaissant mes principes en cette matière par mon attitude dans l'affaire Hartmann, n'avait pas osé me demander l'arrestation de M. Carmona dans la crainte que je lui réponde :

— Je ne peux pas..... Je n'arrête et ne livre à leurs bourreaux avec quelque plaisir que les réfugiés politiques.

Je m'adressai à M. Velasco, ministre du Mexique à Paris, qui me donna sur M. Carmona les meilleurs renseignements.

On s'étonnera peut-être de me voir mettre autant d'insistance pour nettoyer la réputation de M. de Carmona, à l'aide de hauts témoignages, que j'ai apporté de zèle à salir, sans preuves, la mémoire de M. Fervacques, publiciste accusé de chantage. Je répondrai à cela que M. Fervacques étant mort, je n'avais pas de raison pour prendre, en parlant de lui, des précautions exagérées. Mes lecteurs n'ont pas perdu de vue non plus que depuis que j'écris ces *Mémoires*, je porte constamment un *para-démentis* tout soie, que je n'ai qu'à ouvrir au-dessus de ma tête aussitôt que le temps se couvre. C'est ce que je fais aujourd'hui à propos de cette affaire Fervacques qui me fait l'effet de vouloir assez mal tourner.

Il paraît que M. Léon Renault, mon prédécesseur, *interwiévé* hier à propos de cette affaire, a formellement déclaré :

1° Qu'il n'y avait eu aucune perquisition chez Fervacques ;

2° Que le commissaire de police ne toucha à aucun des papiers du journaliste;

3° Qu'aucun nom de femme n'avait été mêlé à cette affaire.

Je ne sais pas encore comment mon *paradémentis* va résister à cette grêle de rectifications qui viennent de tous les côtés à la fois, poussés par un vent exécrable; je vais me cramponner de mon mieux au manche; mais la bourrasque est raide.

Pour comble de bonheur, voilà toute la presse — même celle que je considérais jusqu'ici comme bien pensante — qui me tombe sur le dos et qui me crie : Des preuves !... Des preuves !...

Cette presse intolérable — véritable empêcheuse de diffamer en rond — prétend que l'on ne doit pas déshonorer la mémoire d'un homme sans appuyer des accusations de pièces probantes... Qu'il serait étrange que, moi, qui ai emporté tant de pièces curieuses de la Préfecture, je n'aie justement pas emporté celles sur lesquelles je base l'unique révélation un peu piquante de ces *Mémoires*.

Enfin, partout, on me presse, on me somme de préciser, et de prouver ce que j'ai avancé. Si nous parlions un peu de mademoiselle Louise Michel !... Ça me donnerait le temps de respirer.

LI

Mademoiselle Louise Michel et la révolution sociale.

L'affaire Fervacques m'embête tellement que je ne me sens pas du tout en train, je vous l'assure. Aussi, ce chapitre que j'écris machinalement pour me donner le temps de me remettre un peu, ne sera pas gai.

Mademoiselle Louise Fervacques... Pardon ! Louise Michel, arriva le 9 novembre 1880. Elle descendit à la gare Saint-Ferv... Pardon ! Saint-Lazare, accompagnée de quelques amnistiés.

Elle était attendue par Henri Ferv..... non,

par Henri Rochefort qui, après l'avoir emfer-
vacq... décidément, c'est une obsession!... qui
après l'avoir embrassée, lui offrit son bras.

A partir de ce jour, mademoiselle Louise
Ferv..., je veux dire : Louise Michel prit une
part très importante au mouvement ferv... au
mouvement socialiste. Elle fit plusieurs confé-
rences qui lui valurent quelques succès. Ses
amis lui reprochaient seulement d'avoir trop
confiance en M. Fervacques... Décidément!...
c'est plus fort que moi!... Je voulais dire :
d'avoir trop confiance en M. Clémenceau.

Presque tous les soirs, mademoiselle Louise
Ferv..., je veux dire : Louise Michel, assistait
à une réunion de socialistes dans laquelle lui
étaient offerts d'innombrables bouquets qu'elle
acceptait invariablement au nom de la Révolution sociale et de Ferv...

Non, décidément, je ne puis continuer ce
chapitre, obsédé que je suis par cette ridicule
affaire Fervacques qui vient en quarante-huit
heures de déchaîner contre moi toute la presse.

J'aime mieux en finir tout de suite avec elle.
Aussi bien, la voilà entrée dans une phase qui

ne permet plus de l'esquiver. Allons-y donc !
A moi, mon *paradémentis* de Tolède.

LII

L'affaire du journaliste Fervacques. — Les dernières pièces du dossier. — Appel à la perspicacité du public.

Comme je l'ai expliqué dans un chapitre précédent, le scandaleux épisode du journaliste Fervacques, que j'ai introduit dans mes *Mémoires*, bien qu'il n'eût aucun droit à y figurer puisqu'il s'est passé sous une administration qui n'est pas la mienne, a causé beaucoup de tapage. — Je tiens à constater avec un certain orgueil que la seule anecdote qui ait réussi à émoustiller un peu les lecteurs de ces *Mémoires*, est précisément une anecdote dans laquelle je ne suis absolument pour rien.

Ce détail, pour un fin observateur tel que moi, est toute une révélation et m'indique mon chemin d'une manière sûre. Je connais maintenant le moyen infaillible d'intéresser le public en lui racontant mes affaires : c'est de ne lui raconter que celles des autres. Je n'y manquerai pas.

Revenons à Fervacques. Ce journaliste a laissé des amis et même un frère. Tous se sont émus de mon récit et viennent de se ruer sur mon *paradémentis* pour le mettre en loques.

M. Léon Renault, mon prédécesseur, « *que je m'étais abstenu de nommer* » s'est reconnu. C'est étonnant!... J'avais parlé d'un Préfet de police en fonctions à telle époque; mais je n'avais pas dit lequel. Il était impossible, n'est-ce pas, d'y apporter plus de discrétion. C'est comme si j'imprimais aujourd'hui :

« Le président de la République a fait une
» série de 67 carambolages sans le secours des
» bandes... ni des billes ».

Et que M. Jules Grévy prenne ça pour lui!... Mais, enfin... on ne peut pas empêcher les gens que l'on montre du doigt de se croire désignés. Passons.

Donc, M. Léon Renault nie mon récit. Il nie avoir fait enfermer M. Fervacques sous un prétexte futile. Il nie avoir fait faire chez lui et en son absence, une perquisition quelconque. Il nie lui avoir chipé des lettres qui n'avaient aucun rapport avec le petit délit qui lui était imputé.

Il nie tout cela; c'est une affaire de tempérament; moi je m'en vanterais. Chacun voit les choses à sa façon. M. Léon Renault croit sans doute qu'il est déjà assez malheureux pour un préfet de police, payé par le budget pour s'occuper des choses qui intéressent le public, d'être conduit, par un excès de zèle, à lâcher ses quinze cents agents à la recherche de vingt-trois lettres galantes qu'une marquise de La Chaise-Longue voudrait bien ravoir. M. Léon Renault trouve que cela est très suffisant pour la gloire d'un préfet de police, et qu'il est tout à fait superflu qu'il l'avoue et s'expose, en l'avouant, à l'admiration publique qui ne ménage jamais son enthousiasme aux fonctionnaires intègres et impeccables.

Je respecte la manière de voir de M. Léon

Renault; mais il m'est impossible de la partager. Je crois que les belles actions ne sont jamais trop mises en lumière, et je déclare que si mon existence pouvait être empoisonnée par un regret cuisant, ou même par un simple mouvement d'envie, elle le serait par le chagrin de n'avoir pu inscrire l'affaire Fervacques à mon propre compte et par la jalousie que me mettrait au cœur la chance d'un de mes prédécesseurs assez veinard pour avoir trouvé une si belle occasion de faire son petit Louis XV et son petit Cartouche en chambre, en flanquant un citoyen dans les oubliettes pour lui voler plus facilement ses papiers intimes au profit d'une aventurière.

Je laisserai donc M. Léon Renault à ses honorables scrupules, et je passerai à la démarche que vient de faire auprès de moi le propre frère du susnommé Fervacques.

Voici, à peu près, la lettre que m'écrit ce frère désolé par mon indiscrétion. Comme on le verra, il n'y met aucune mauvaise humeur contre moi et mes lecteurs tireront de cette réserve, qui leur paraîtra peut-être aussi extraordinaire que de bon goût, les conséquences qu'il leur conviendra d'en tirer.

« Monsieur,

» Vous avez publié dans le *Voltaire* un ar-
» ticle dans lequel vous calomniez gravement
» mon frère en l'accusant d'avoir organisé
» contre une femme le plus odieux des chan-
» tages. Vous avez même reproduit *entre guil-*
» *lemets*, ce qui est le signe de la citation
» textuelle, une prétendue lettre de mon frère
» laquelle, si elle était authentique, serait la
» preuve de l'acte déloyal dont vous l'accusez.
» Je dois à la mémoire de mon frère de ne pas
» laisser passer, sans la relever, une imputa-
» tion aussi injurieuse. Aussi, laissant de
» côté, comme quantités négligeables, les ac-
» cusations de chantage maritime que vous
» portez contre mon frère, je relève le point le
» plus important de vos calomnies et vous prie
» de reconnaître loyalement que mon frère
» était... Parisien et non Bordelais, comme
» vous le dites.

» Je n'ai pas besoin, je l'espère, monsieur,

» d'insister sur l'importance que je dois atta-
» cher à cette rectification. Un frère ne peut
» pas laisser dire que son frère était de Bor-
» deaux quand il était de Paris.

» Voilà, monsieur, l'exacte vérité. Mon frère
» n'a pas écrit à la dame en question la lettre
» de menaces que vous avez reproduite *entre*
» *guillemets* ; et je crois sans aucune peine
» qu'en la reproduisant *entre guillemets*, c'est
» que *votre bonne foi a été surprise ou que*
» *votre mémoire vous a trahi.* » Aussi, recon-
» naissant de ce que vous voudrez bien faire
» pour réhabiliter mon frère en déclarant qu'il
» était de Bordeaux et non de Paris, je n'hésite
» pas à vous « *prier d'agréer l'assurance de mes*
» *sentiments distingués.* »

Maintenant, je puis, je crois, refermer mon
paradémentis qui n'a pas encore été trop crevé
cette fois-ci. Comme on l'a vu, pour un frère
profondément ulcéré, le frère de M. Fervaques
a été avec moi d'une courtoisie au-dessus de
la moyenne.

J'avais reproduit dans mes mémoires, et

entre guillemets, une lettre qui déshonorait son frère; et, en homme bien élevé, il ne fait aucune difficulté pour admettre qu'en reproduisant cette lettre *entre guillemets* — ce qui indique une reproduction par copie de l'original — j'ai tout simplement été « *trahi par ma mémoire.* »

Il faudrait, en effet, être bien pointilleux et bien susceptible pour ne pas trouver tout ce qu'il y a de plus naturel qu'un défaut de mémoire puisse mener un homme de bonne foi, à reproduire, *entre guillemets,* une lettre qui n'a jamais existé, ce qui est le cas de celle que j'avais prêtée au frère de M. Fervacques.

J'appelle également l'attention de mes lecteurs sur ce point important que dans la lettre qu'il m'adresse, le frère de M. Fervacques maintient — contre les déclarations mêmes de M. Léon Renault, — que sa mémoire a pu trahir, lui aussi :

1° Que M. Fervacques a été arrêté et maintenu « *pendant deux jours au secret* » ;

2° Que « *pendant cette séquestration, son appartement a été bouleversé* » par la police;

3° Que M. Fervacques a déclaré que dans cette perquisition « *des lettres d'une femme du monde lui avaient été prises* ».

Or, je le demande à tout le monde, même à M. Léon Renault — à qui la mémoire a pu revenir après l'avoir trahi — est-il admissible qu'un journaliste connu à Paris ait pu, pour un simple délit punissable d'une simple amende, être tenu deux jours au secret?

M. Léon Renault dit que NON.

Le frère de M. Fervacques dit que OUI.

M. Léon Renault peut avoir autant de bonnes raisons pour dire : non, que le frère de M. Fervacques en a pour dire : oui.

Qu'ils se débrouillent!... moi, je ne m'en mêle plus. J'avais sali la mémoire d'un homme en imprimant que c'était un... Alphonse né à Bordeaux ; on me prie de la nettoyer en déclarant qu'il était au contraire né à Paris.

C'est fait... qu'on ne m'embête plus avec cette affaire-là.

Quant à la fameuse lettre reproduite *entre guillemets* ; elle reste dans le vague : démentie tout doucement, il est vrai, par le frère de

M. Fervacques; mais pas le moins du monde
avouée apocryphe par moi.

C'est ainsi d'ailleurs que ces sortes d'affaires
demandent à être éclaircies, afin qu'il y en ait
pour tous les goûts.

Comme je le dis en tête de ce chapitre : appel
est fait à la perspicacité du public.

LIII

L'œuvre des loyers

Que vient faire dans ces Mémoires (1880-
1881) l'OEuvre des loyers créée par l'Empire en
1853 ? Tout juste ce qu'y sont venues faire
l'histoire de la conspiration de la lorgnette,
celle de la franc-maçonnerie et beaucoup d'autres remplissages qui n'ont aucun rapport avec
mon administration.

J'en suis arrivé, en fait de souvenirs personnels et intéressants, à un tel dénûment, que je me vois à la veille d'introduire dans cet ouvrage des charades, des logogriphes, des rébus, des mots carrés, et à publier le lendemain, pour bourrer mes chapitres, les noms des vainqueurs de ces jeux d'esprit.

Que mes lecteurs apprennent donc, en simulant une surprise qui me fera plaisir, que tous les trois mois ; au moment du terme, il y a à Paris pas mal de locataires qui ne sont pas en mesure de payer leur loyer et qui se trouvent par conséquent exposés à être expulsés par leur propriétaire.

En 1859, l'empereur Napoléon III avait chargé mon prédécesseur, M. Piétri, de distribuer à ces malheureux une subvention annuelle de 60,000 francs. Cette subvention était prélevée sur la cassette particulière du futur héros de Sedan, laquelle cassette particulière, personne ne l'ignore, était alimentée non par l'argent des contribuables, comme on l'a cru longtemps, mais bien par les ressources personnelles que se faisait laborieusement Velocipède père, en confectionnant le soir, quand sa famille était couchée, des bandes à trois francs le mille pour le *Tintamarre*.

Les choses allèrent ainsi jusqu'en 1870. La République maintint même pendant quelque temps encore cette subvention en faveur des expulsés victimes d'une loi sociale bourrée d'articles 7, bien autrement terribles que celui de M. Jules Ferry.

Mais, en 1881, je fus averti que cette allocation de 60,000 francs allait être supprimée. J'obtins pourtant qu'elle ne fût que réduite. On me laissa donc 30,000 francs et, tant bien que mal, je complétai la somme nécessaire par *« quelques prélèvements sur mes fonds secrets. »* Cela me crèva bien un peu le cœur d'employer à payer le terme de quelques ouvriers infirmes *de la si bonne argent* qui devait avoir une destination bien plus noble, puisque cet argent eût dû servir à payer des mouchards chargés de retrouver et de rendre aux femmes du monde dans l'embarras, les lettres galantes qu'elles avaient eu l'imprudence d'écrire à leurs amants.

Mais enfin, je n'hésitai pas à faire ce sacrifice pour éviter que la République fût déconsidérée par le mauvais effet que n'eût pas manqué de produire la suppression du budget des pauvres. Je l'aime tant la République !...

Je dois, en terminant ce chapitre, absolument inutile ici, dire son fait au gouvernement à propos de ses ridicules économies de bouts de chandelle.

Croirait-on qu'il a poussé la parcimonie jusqu'à supprimer du budget une méchante somme de 84,500 francs qui depuis « *trente-* » *quatre ans était répartie entre les employés du* » *cabinet du préfet de police, et que ceux-ci con-* » *sidéraient comme une partie intégrante de leur* » *traitement.* »

C'est un véritable scandale !... Où allons-nous, je vous le demande, si on ne respecte même plus les abus qui durent depuis trente-quatre ans ? C'est à ne plus pouvoir compter sur rien.

A ce compte là, alors, il n'y a plus de raison pour que l'on ne s'aperçoive tout d'un coup coup que depuis un temps immémorial, les propriétaires et la Compagnie du gaz volent à leurs locataires et à leurs abonnés l'intérêt des sommes qu'ils leur font consigner pour leurs loyers d'avance et la garantie de leur consommation !... et pour que l'on ne décide pas la suppression de ces conditions léonines, âgées pourtant de plus d'un demi-siècle !...

Je le répète, c'est le renversement de tout ; et il est impossible de gouverner avec des principes qui mettent constamment les exploiteurs à la merci d'une vérification de compte et d'un retour vers le sens commun. — J'ai dit.

LIV

Le fonds des reptiles. — L'anarchie subventionnée.

Le sujet choisi pour le précédent chapitre, — auquel mes lecteurs n'ont rien compris, je l'espère ; autrement, ils auraient été plus malins que moi, — répondait à une intention émolliente.

J'ai jugé qu'après avoir soulevé des orages en représentant la Préfecture de police comme exclusivement occupée à courir après des lettres d'amour écrites par des marquises de la Chaise-Longue, pour les leur faire restituer de force par leurs anciens adorateurs, il serait bon de calmer les esprits, et même les imbéciles, en leur parlant d'une œuvre douce et chaste.

De là, l'idée de mon chapitre précédent sur l'*Œuvre des loyers*.

Mais maintenant que l'orage est passé, je crois également utile... à la vente au numéro, d'aborder de nouveau un sujet irritant — ou promettant de l'être, ce qui revient au même pour moi qui n'y regarde pas de si près.

Je vais donc semer la défiance entre les divers groupes révolutionnaires qui se partagent en ce moment les faveurs de la curiosité publique, en insinuant que si « *tous les anar-* » *chistes ne valent pas la peine d'être achetés* » *par la police.* » Ce n'est pas la bonne volonté de se vendre qui leur manque.

Ainsi posé, ce chapitre promet aux lecteurs

les révélations les plus scandaleuses. Il a le droit de les attendre de moi, je le sais. Leur attente ne sera pas déçue. Le temps de faire recouvrir mon *paradémentis* et je suis à eux.

J'appris que les révolutionnaires français étaient en quête d'un capital pour fonder un journal destiné à défendre les droits de la dynamite. Ce capital, ce fut moi qui le versai par l'entremise d'un de mes agents que j'avais affublé en millionnaire pour les besoins de la cause. La *Révolution sociale* parut...

Mademoiselle Louise Michel en était l'étoile. Cependant je dois avouer qu'elle y allait de bonne foi et ignorait d'où venaient les fonds. J'aurais assez aimé à insinuer le contraire; mais je n'ose pas.

La *Révolution sociale*, que je dirigeais en somme par l'intermédiaire de mon faux capitaliste, me rendit de très grands services. J'en tirai même, aux frais du budget public, quelques profits personnels. Témoin l'aventure suivante :

J'avais à l'Arbresle, un concurrent qui voulait me supplanter comme député et qui se faisait appuyer, auprès de mes électeurs, par un certain Clauzel, journaliste crasseux et sans orthographe. Je fis embaucher Clausel comme rédacteur de la *Révolution sociale*, ce qui le discrédita net dans ma circonscription.

Je trouve ce tour excessivement malin, en ce sens que je me servais des employés et des fonds de la police pour soigner mes petites affaires particulières. Que le commis qui n'a jamais pris le papier à lettres et les plumes de son patron pour faire sa correspondance personnelle me jette la première pierre.

Il me reste maintenant à apprendre à mes lecteurs, comment M. Thiers, mort depuis deux ans, sauva le Palais Bourbon d'une explosion formidable.

Les anarchistes avaient décidé en principe de faire sauter ce monument. Pensant qu'il était trop bien gardé, ils jetèrent les yeux d'abord sur la Banque de France, puis sur l'Élysée, puis sur la Préfecture de Police, puis sur une église quelconque.

Et finalement, ils décidèrent que, pour se faire la main, ils feraient tout simplement sauter... la statue de M. Thiers que l'on avait inaugurée à Saint-Germain.

Les anarchistes partirent pour Saint-Germain avec une boîte de dynamite. Je connaissais ce complot plein d'horreur, comme si je l'avais fait. Bien mieux, j'avais trouvé le moyen de me faire incorporer comme conspirateur sous le nom de Bibi-la-Grillade; et c'est moi qui portais la boîte à sardines qui devait contenir les matières explosibles et que j'avais bourrée subrepticement de farine de graine de lin.

Quand la nuit fut venue, nous nous glissâmes dans l'ombre jusqu'à la statue et je déposais ma boîte sur le socle entre les pieds du fauteuil du libérateur du territoire.

Je mis le feu à une longue mèche et je criai à mes compagnons: Sauve qui peut!... Nous reprîmes le train pour Paris. Le lendemain, en ouvrant les journaux du matin, où ils s'attendaient à lire les détails de cette terrible explosion, mes co-conjurés furent tout surpris d'apprendre que la statue était intacte et que rien n'avait sauté du tout.

Je feignis de mon côté un grand étonnement;

mais en dessous, je riais comme un bossu parce que seul, je connaissais le fin mot de l'affaire et que je savais très bien qu'il ne pouvait pas y avoir eu la moindre explosion.

Je puis le dire maintenant; voici ce qui était arrivé:

Chargé de préparer et de garnir la boîte à sardines de dynamite et de nitro-glycérine, j'avais remplacé ces deux substances, comme je l'ai dit plus haut, par la farine de graine de lin qui est, comme on le sait, fort peu explosible.

Mais, pour donner cependant à la chose un peu de piquant, j'y avais joint cinq cents grammes de cette substance très connue avec laquelle on prépare les petits jouets dits: serpents de Pharaon.

Mes lecteurs savent que cette matière quand elle est enflammée se déroule en énormes anneaux bruns qui ressemblent, en effet, à des serpents — et même à autre chose si l'on veut, — et qui font un volume considérable relativement à celui de la matière dont ils sont sortis en s'allumant.

Ainsi, par exemple, un grain de ce produit, gros comme une lentille je suppose, donne un serpent de plus de deux mètres de long et gros comme le pouce.

On peut juger par cela de ce que devait produire, entre les jambes du père Thiers, cinq cents grammes de cette substance qui faisaient à peu près le volume d'une brique ordinaire.

Quand la mèche que j'avais posée dans un angle de la boîte eût allumé cette drogue, l'effet se produisit immédiatement.

Un énorme anneau roussâtre, gros comme le bras, commença à sortir lentement de la boîte et se dirigea en montant vers le dessous du fauteuil de M. Thiers. Là, rencontrant un obstacle, il redescendit le long des jambes du petit père Transnonain, et grandissant toujours, il s'enroula plusieurs fois autour du socle, fit tout le tour de la place au milieu de laquelle se trouve la statue; puis trouvant une issue, s'engagea dans une rue et descendit toute la côte de Saint-Germain.

Pendant ce temps, la boîte flambait toujours, alimentant sans cesse cet énorme boudin, qui s'allongeait lentement, traversait la Seine, encombrait de ses grands plis toute la plaine de Nanterre, faisant deux ou trois fois le tour du Mont-Valérien et finalement venait aboutir au rond-point de Courbevoie qu'il traversait de part en part pour se diriger vers la place de la Concorde, après avoir parcouru tout Neuilly, dont il affolait la population.

La boîte à sardines, d'après mes calculs, avait dû être épuisée vers trois heures et demie du matin. A cette heure, le serpent était arrivé à peu près à la hauteur du rond-point des Champs-Elysées.

Je laisse à penser la stupeur des habitants de Saint-Germain, lorsqu'en se réveillant le lendemain matin, ils virent cette énorme chose ronde, d'un aspect assez malpropre, qui descendait de la terrasse et s'étendait dans la plaine à perte de vue.

Naturellement, ils voulurent se rendre compte d'où elle venait et, en la suivant, ils furent amenés sur la place de la statue.

Ils constatèrent avec effroi que cette chose immonde partait juste de dessous le fauteuil de l'ex-président. Alors ce ne fut qu'un cri d'angoisse et de profonde pitié au milieu de cette population honnête et tranquille.

— Ah !... le pauvre homme !... s'écriait-on de toutes parts — comme ça devait le gêner !...

.   .   .   .

Quant aux anarchistes — qui ne se doutaient pas, et ne se sont jamais doutés du tour que je leur avais joué, cet échec dut amollir leur courage et refroidir leur zèle, car ils n'essayèrent plus de faire sauter, quoi que ce soit.

Je ne jugeai pas à propos de les dénoncer ni de les faire poursuivre pour cette tentative sans importance, préférant rester au milieu d'eux, toujours sous le pseudonyme de Bibi-la-Grillade, afin de pouvoir mieux les surveiller dans des occasions plus graves.

Je ne voudrais pas fermer ce chapitre plein de révélations, sans insister auprès de mes lecteurs pour leur faire bien comprendre l'importance qu'il a. Grâce à moi, on sait maintenant que lorsque paraît un journal extravagant qui dit de grosses bêtises destinées à effrayer le bourgeois, c'est le gouvernement qui en fait les fonds en dessous.

Grâce à moi également, il sera désormais assez difficile de faire prendre au sérieux les complots des dynamiteurs, puisque j'ai mangé le morceau en en racontant un organisé par moi-même — ce qui donnera pour longtemps, je crois, la mesure de tous les autres.

Ce chapitre que l'on vient de lire a encore un avantage, c'est qu'il peut prouver tout ce qu'on veut et même, au besoin, ne rien prouver du tout; attendu que le premier venu, qui aura le moindre bon sens, pourra toujours répondre à un ex-préfet de police qui se vante d'avoir clandestinement subventionné un journal socialiste sans le prouver; ou d'avoir posé des étrons de suisse sur le socle de la statue de M. Thiers, sans le prouver davantage.

— Vous êtes un affreux blagueur et un mauvais cabotin. Vous n'avez rien subventionné du tout, sans quoi, vous seriez trop content de produire les pièces qui le constatent. Vous n'avez pas davantage fait partie d'une conjuration de dynamitards, sans quoi, vous ne man-

queriez pas de donner sur cette conspiration
des détails appuyés sur des noms et sur des
faits. Vous inventez à plaisir des fumisteries
que vous n'avez jamais faites pour vous donner des airs de Vidocq très malin, alors qu'il
est de notoriété publique que, comme préfet de
police, vous avez été le plus parfait des Guibollard. .

Voilà ce que mes lecteurs pourraient me
dire quand je leur faufile comme aujourd'hui,
un chapitre ; en tête duquel je leur ai promis
des révélations scandaleuses, pour n'accoucher
en définitive que de mauvais potins sans base
et sans justification.

Mais j'ai trop confiance en l'idiotisme de
mes lecteurs pour craindre un seul instant
qu'ils m'apostrophent ainsi.

LV

Un peu plus de lumière sur les fonds secrets.

Bien des gens croient encore — grâce aux journaux officieux qui développent de temps en temps cette thèse, — qu'un portefeuille de ministre est la ruine personnelle pour celui qui le tient sous son bras.

On sait qu'un ministre reçoit un traitement de 60,000 francs par an, et l'on se dit généralement :

— Comment voulez-vous qu'un homme joigne les deux bouts s'il n'ajoute pas à cette somme au moins 150,000 francs de sa poche !...

Ce que les journaux officieux ne disent pas, c'est qu'indépendamment de ces 60,000 francs, le ministre de l'Intérieur reçoit un supplément de deux millions sous la rubrique : *fonds secrets*, et dont il n'a aucuns comptes à rendre à personne.

On me dira peut-être :

— Mais ces deux millions... le ministre les distribue à droite et à gauche — à droite surtout, — la presse entretenue doit coûter très cher, si l'on juge par son tirage presque nul et la blancheur immaculée du linge des journalistes subventionnés.

Vous êtes naifs!... le ministre de l'Intérieur peut, sans presque toucher à ses deux millions entretenir grassement sa presse. Il a pour cela une monnaie de singe qui ne lui coûte pas un centime et qui est représentée par les concessions, les marchés, les entreprises et les décorations.

Je pourrais citer bon nombre de journalistes achetés par le ministre sans que celui-ci ait eu à délier d'autres cordons que ceux de la Légion d'honneur.

En somme, « *le ministre de l'Intérieur, alloue six cent mille francs au Préfet de police* » sur les deux millions de fonds secrets : « *il lui en reste donc à lui-même quatorze cent mille, sur lesquels il n'en dépense pas cinq cent mille, ce qui lui fait environ un million pour son argent de poche.* »

De ce million, il ne doit compte à personne.

Pas plus d'ailleurs que je ne devais compte des six cent mille francs qui m'étaient alloués sur les fonds secrets quand j'étais préfet de police.

Je fais cette dernière réflexion parce que je crois que beaucoup de gens n'auraient pas manqué de la faire, tant elle tombe sous le sens.

Il est bien certain que voilà encore une mèche que j'aurais pu me dispenser de vendre, mais ça me fait tant de peine — depuis que je n'en profite plus — de voir dilapider le pauvre argent des contribuables, que je n'ai pu contenir ma noble indignation.

LVI

Encore les fonds secrets. — La contagion.

Comme dans toutes les maisons mal tenues où il y a ce qu'on appelle du *coulage « le sans-gêne avec lequel, en haut lieu, on dispose des fonds secrets »* est naturellement imité par les inférieurs.

Chacun d'eux, dans la mesure de ses forces, secoue de son mieux l'anse du panier national ; c'est une tradition et le ministère ne s'en émeut pas.

Depuis celui qui s'alloue un million par an sur les fonds secrets qui sont mis à sa disposition sans contrôle, jusqu'au frotteur du ministère qui se sert de la cire de ses oreilles pour frotter les parquets et se la fait rembourser sur le pied de onze francs l'once, tout le monde chipe, gratte et chaparde à qui mieux mieux.

Je pourrais donner vingt-cinq mille preuves à l'appui de ce que j'avance ; je me bornerai à raconter le fait suivant :

M. André de Trémontels, ancien préfet de l'Aveyron...

Ici, j'entends des gens qui m'interrompent et me crient que voilà encore une machine que je n'ai aucune raison pour introduire dans mes *Mémoires* puisqu'elle est étrangère à mon administration.

C'est là une chicane puérile ; la chose est « *entre mes lecteurs et moi* » et tant qu'ils ne s'apercevront pas que je les enfonce en leur passant pour des souvenirs personnels les aventures de Télémaque ou les débats de l'affaire Gamahut, je ne vois pas pourquoi je ne profiterais pas de leur avachissement.

Donc, M. André de Trémontels avait été dénoncé par son successeur, M. Demangeat qui l'accusait d'avoir, pendant son séjour à la préfecture de l'Aveyron, considéré les deniers de l'État comme j'avais moi-même considéré les papiers publics de la Préfecture de police, c'est-à-dire comme des « *documents personnels* ».

Sommé à deux reprises, par moi-même, en ma qualité de député, de tirer cette scandaleuse affaire au clair, le ministre de l'Intérieur se déroba toujours, et pour toute réponse à mes questions pressantes, donna de l'avancement au préfet que l'on avait accusé d'avoir ajouté des queues aux zéros de sa comptabilité, et destitua M. Demangeat qui avait dénoncé ces prétendues arabesques fantaisistes.

Cela dura ainsi jusqu'au moment où la prescription enleva à M. André de Trémontels les moyens de confondre publiquement son accusateur.

Et depuis, on n'a jamais su au juste si les queues avaient été soudées aux zéros par M. André de Trémontels, où si elles y avaient poussé toutes seules pendant un de ces étés très chauds qui produisent parfois des phénomènes de végétation extraordinaires.

Comme je l'ai dit plus haut : je portai deux fois ce fait à la tribune ; et deux fois je n'obtins aucune satisfaction. Mon intention est de l'y porter une troisième ; car je veux en avoir le cœur net, et je tiens absolument à savoir com-

ment les queues viennent aux zéros sous un
gouvernement bien organisé et dans des climats tempérés comme l'est le nôtre.

Ceci dit, je ne fais aucune difficulté pour reconnaître que le chapitre que je consacre ici à
M. de Trémontels est d'autant plus intempes-
tif qu'étant député — du moins pour quelques
jours encore — il me serait loisible de faire vider cette question publiquement à la Chambre
au lieu d'abasourdir mes lecteurs avec un potin qui peut me regarder comme député, mais
qui ne m'a jamais regardé comme préfet de
police, d'autant plus qu'il s'est produit à une
époque où je ne l'étais plus.

Mais cela ne m'empêchera pas, au contraire,
d'allonger ce chapitre d'une petite anecdote
concernant M. André de Trémontels, et qui
prouvera une fois de plus aux contribuables
que leur argent est mis à pas mal de sauces.

M. André de Trémontels possédait personnellement un buste de la République. Ce buste
il l'avait promené de sous-préfecture en sous-
préfecture et, dans ces divers déménagements,
Marianne avait subi de fortes avaries : le bout

du nez s'était écorné et noirci, l'étoile et les
épis, brisés par les coups de plumeau rageurs
d'un vieux garçon de bureau regrettant l'Empire, avaient été rafistolés avec du mastic par
un peintre-vitrier de Rodez. Bref, cet objet
d'art qui d'écorniflure en écorniflure et de
replâtrages en rebouchages, avait fini par
ressembler presque autant à Troppman qu'à
l'image de la République, n'eût pas décroché
trois francs vingt-cinq à l'hôtel Drouot, même
en complétant le lot avec un moulin à café et
une douzaine de porte-manteaux.

M. André de Trémontels eut une inspiration; il se plaça devant une glace et comme il
était très habile ventriloque, il échangea avec
son image la conversation suivante :

M. DE TRÉMONTELS, *saluant.* — Je désirerais
parler à M. le Préfet de l'Aveyron.

L'IMAGE, *s'inclinant.* — C'est moi, monsieur,
qu'y a-t-il pour votre service.

M. DE TRÉMONTELS. — Mon Dieu, monsieur
le Préfet, je voudrais flanquer sur le dos du
gouvernement ce buste de la République qui
a cessé de me plaire.

L'IMAGE. — Je comprends ça... on dirait le portrait d'une vieille poseuse de sangsues... Combien en voulez-vous?

M. DE TRÉMONTELS. — Il m'a coûté onze francs quand il était neuf... je le laisserai au gouvernement, parce que c'est lui, pour cent vingt-six.

L'IMAGE. — C'est une affaire entendue... seulement, je ne sais pas comment vous payer, le crédit pour le mobilier de la Préfecture étant épuisé.

M. DE TRÉMONTELS. — Oh !... monsieur le Préfet veut rire !... il sait aussi bien que moi comment ça se pratique en pareille circonstance !... Vous n'avez qu'à me « *faire un man-* » *dat de* 126 *francs au nom du tapissier de la* » *Préfecture sur le crédit accordé pour les illu-* » *minations du 14 juillet* ».

L'IMAGE. — Vous êtes un malin !... la question des virements n'a pas de secret pour vous; vous la connaissez dans tous les coins... Il sera fait comme vous le désirez.

M. DE TRÉMONTELS. — Je vous remercie bien, monsieur le Préfet. Pendant que vous y êtes, vous ne pourriez pas me reprendre aussi, aux frais du budget, cinq ou six paires de draps qui sont troués et une paire de bottines à ma femme qui prennent l'eau?... Ce serait pour le gouvernement une très belle occasion, je les céderais au prix du neuf.

L'IMAGE. — Je ne dis pas non... nous verrons cela dans quelque temps, si je puis faire une petite économie sur les appointements des expéditionnaires de la Préfecture.

Sur cette bonne parole, M. de Trémontels et son image se saluèrent gracieusement et M. de Trémontels alla rédiger son mandat de 126 francs « *dont le tapissier de la Préfecture lui versa fi-* » *dèlement le montant* ».

J'ai raconté cette petite histoire, moins pour la somme de 126 francs qui n'a pas, par elle-même, grande importance, que pour faire comprendre à mes lecteurs, par ce petit fait isolé, à quel point l'art noble du virement a fait des progrès en France depuis M. Janvier de la Motte.

LVII

Suppression de la police des mœurs.

Depuis longtemps une campagne active était dirigée contre mon service des mœurs, que je considérais comme un des plus agréables de mes fonctions, et que j'aimais à surveiller personnellement afin de me rendre compte par moi-même et de pouvoir distinguer le vrai du faux.

Ce mouvement avait pris naissance en Angleterre, où le sentiment honorable du respect de la femme guidait seul les publicistes qui réclamaient la suppression de la police des mœurs. Mais je manquerais au respect que je dois à mon pays, si je ne profitais pas de cette occasion pour soutenir que la même campagne entreprise par les Anglais au nom de la morale pure, n'était continuée par les journalistes français que dans un but des plus malpropres.

29

En effet, il saute aux yeux de tout le monde qu'en demandant l'abrogation des lois spéciales en matière de prostitution, les réformateurs anglais n'avaient en vue que l'assainissement des mœurs, tandis que les réformateurs français en demandant exactement la même chose, ne pouvaient avoir pour objectif que l'incendie et le pillage de tous les quartiers riches.

Aussi les journalistes anarchistes ne se faisaient-ils pas faute de m'attaquer sans cesse, en me jetant constamment au nez les quelques douzaines d'honnêtes mères de famille que mes agents des mœurs avaient traînées par les cheveux à Saint-Lazare pour leur apprendre à aller au-devant de leur mari dans les rues après cinq heures du soir. Le cas de mademoiselle Rousseil et celui de mademoiselle Lucie Bernage revenaient dans leurs articles à tout bout d'alinéa. C'était une véritable scie.

Et pourtant j'avais victorieusement démontré, ainsi que je l'ai fait encore dans ces *Mémoires*, il n'y a pas longtemps, que ces deux respectables personnes, loin d'avoir été victimes de la police des mœurs, avaient dû, au contraire, être soudoyées par l'*Internationale* pour perdre de réputation mes pauvres agents qui, on ne le sait que trop, eussent mieux aimé laisser échapper trois mille honnêtes souteneurs que de permettre de rentrer tranquillement chez elle à une ouvrière venant de reporter son ouvrage.

Mais, même en admettant que les erreurs reprochées à mes agents des mœurs fussent vraies; qu'est-ce que cela eût prouvé?

Le proverbe ne dit-il pas qu'il n'y a que ceux qui ne font rien qui ne se trompent jamais?

Est-ce que les agents des mœurs sont seuls à avoir des distractions? Est-ce que les magistrats eux-mêmes ne condamnent pas quelquefois des innocents? Est-ce que personne peut répondre de trier un litre de haricots secs et d'en enlever tous les mauvais sans en ôter un seul des bons? Est-ce que les électeurs eux-mêmes peuvent être sûrs d'envoyer à la chambre 540 députés dont pas un seul, après

leur avoir promis de voter l'amnistie, ne vo-
tera contre?

Non, tout le monde se trompe, c'est connu ;
et le conseil municipal de Paris le savait très
bien aussi ; seulement, comme il voulait absolument me chercher une mauvaise querelle
pour m'enlever une des parties les plus
agréables de mon emploi, il ne me faisait pas
grâce de l'arrestation arbitraire d'une seule
blanchisseuse et n'aurait pas consenti pour
tout l'or du monde à passer sous silence une
affaire dans laquelle un de mes vertueux agents
des mœurs aurait été surpris abordant une
femme et lui mettant la main dessus pour se
venger de ce qu'elle ne la lui a pas laissé
mettre dessous.

Dans le courant de 1881, le conseil municipal
crut donc me faire une énorme fumisterie en
adoptant une proposition qui supprimait la
brigade des mœurs à partir du 1er Janvier 1882
et m'invitait à prendre mes mesures en consé-
quence.

Bien entendu, je me cabrai contre cette mesure révolutionnaire ; mais simplement pour

la forme; car, au train dont marchaient les choses, je sentais bien qu'au 1er Janvier 1882 il y aurait belle lurette que l'on m'aurait donné mes huit jours et redemandé mon casse-tête.

Je voulus cependant jouer au conseil municipal un dernier tour de ma façon, et j'essayai de le dindonner en lui donnant une satisfaction qui ne me coûtait rien du tout.

Depuis longtemps, M. Macé, le chef de la sûreté me tourmentait pour que j'ajoute à ses attributions tous les services de la police municipale, au nombre desquels se trouvait naturellement la police des mœurs.

Macé, qui était très roublard, avait trouvé un excellent argument pour me forcer la main et obtenir ce supplément d'importance. Il me disait tous les matins :

— Vous comprenez... comme c'est moi qui suis chargé de trouver les voleurs et que les voleurs vont le plus souvent dissiper le produit de leurs larcins, avec des femmes, il est tout naturel que j'aie la surveillance de celles-ci : ça facilitera mon travail.

Moi, je résistais à Macé tant que je pouvais ;

d'abord parce qu'en principe je n'aime pas que l'on prenne trop d'importance à côté de moi ; et puis parce que je me disais :

— Ce garçon me semble un peu envahissant ! Si je lui donne aujourd'hui la police des mœurs sous le prétexte que cela lui facilitera les moyens d'arrêter les voleurs, il n'y a pas de raison pour que demain il ne me demande pas de le charger spécialement de la surveillance des grands magasins de nouveautés en alléguant que cela lui facilitera le recensement des maris cocus.

En fait de police, tout se tient; et je comprenais très bien que je devais le moins possible centraliser les services dans les mains d'un subordonné, sous peine de diminuer mon propre prestige.

Mais, malgré toutes mes résistances, je ne pus esquiver le coup que m'avait monté Macé. Une circonstance imprévue me força à lui confier la police des mœurs.

Je venais d'apprendre que ce service d'élite avait été fort compromis par son chef: l'officier de paix Lerouge et son inspecteur principal : l'agent Remise, qui tous deux « *avaient laissé s'introduire de graves abus* » dans cette branche délicate de mon administration.

Le peu de ménagements et de discrétion que j'ai toujours apporté dans ces *Mémoires* impartiaux quand il s'est agi de déshonorer quelque anarchiste vendu à la police ou quelque journaliste convaincu de chantage, me ferait un devoir, je le sais, d'être également sévère pour mes inférieurs en faute, et de préciser ces « *abus graves* » au moyen desquels les policiers Remise et Lerouge ont compromis l'antique renom d'honneur de la police des mœurs.

Mes lecteurs, j'en suis sûr, attendent ces révélations avec impatience : J'en suis bien fâché ; mais je ne mange pas de ce pain-là. Autant il me sera toujours doux de reproduire *entre guillemets*, comme preuves irrécusables, des lettres de chantage établissant la culpabilité d'un journaliste, autant je me crois tenu au silence sur des faits qui pourraient porter atteinte à la considération d'honorables roussins. La justice avant tout.

Je me contenterai donc de laisser comprendre que ce qu'avaient fait les agents Lerouge et Remise était assez sérieux pour que je les misse tous deux à la retraite ; mais quant à raconter ce qui leur avait valu cette disgrâce, jamais !... mon respect bien connu du secret professionnel me le défend.

Cependant, je fis semblant de supprimer le service de la police des mœurs, comme le désirait le conseil municipal ; et je pris l'arrêté suivant, duquel je ne garantis pas absolument le texte exact, mais dont le fond était bien ceci :

« Considérant que le conseil municipal de
» Paris a émis le vœu que le service des mœurs
» soit supprimé.

» Considérant qu'il est tout à fait inutile
» d'irriter les gâteux par des refus brusques
» quand, en ne leur accordant rien de ce qu'ils
» vous demandent, on peut se donner l'air de
» céder à leurs désirs.

» Arrêtons :

» La brigade des mœurs est supprimée.

» Les agents qui la composent conservent
» les mêmes attributions maïs, pour empêcher
» de baver sur le conseil municipal, ils sont
» versés dans la brigade de sûreté. »

LVIII

**Suppression de la police des mœurs.
L'affaire de la rue Duphot.**

Cet arrêté, de l'avis même des fumistes les
plus compétents, était un véritable comble de
goguenarderie. Eh ! bien, j'eus cependant la
joie de constater que l'idiotisme de mes con-
temporains était encore assez solide pour que
plusieurs d'entr'eux ne comprissent pas cette
bonne charge de rapin.

Quelques journaux crurent que j'avais bel
et bien supprimé le service des mœurs et
m'empoignèrent vertement à ce propos.

Un d'eux : le *Clairon* me consacra un article

furieux et ironique, intitulé : *Le trottoir libre dans l'État libre !*

L'infortuné journaliste des classes élégantes n'avait même pas su lire mon arrêté et n'avait pas compris que « *tout en supprimant la déno-* » *minat:on impopulaire de brigade des mœurs* », je renforçais au contraire ce service, mais sous un autre nom.

Ces choses-là se font tous les jours depuis que le monde est monde. Un matin, par exemple, les *sergents de ville* se rendent odieux à la population, par leurs brutalités. On garde les mêmes agents en les appelant : *Gardiens de la paix*, et tout le monde est content.

Donc, malgré mon arrêté funambulesque, rien n'avait été changé dans les règlements de la police des mœurs, et la « *préfecture de police* » *gardait sur les filles publiques, un pouvoir* » *discrétionnaire.* »

C'était précisément ce pouvoir-là qui avait été toujours très discuté. M. Ranc, lorsqu'il était conseiller municipal en 1872, en avait même contesté la légalité. Mais il dut reculer, vaincu par le préfet de police d'alors qui prouva la légitimité de son pouvoir discrétionnaire en s'appuyant fortement sur une ordonnance de... 1684.

J'avoue qu'il fallait à mon prédécesseur une rude confiance dans les constructions anciennes pour s'appuyer fortement sur une ordonnance de cet âge-là. Moi, je n'oserais pas ; il me semblerait toujours que ça va s'effondrer et me flanquer les quatre fers en l'air.

Et puis... je ne sais pas... il me semble qu'un fonctionnaire en habit noir et en chapeau gibus doit avoir l'air si bête, appuyé sur une ordonnance de 1684, que pour rien au monde je ne voudrais être vu dans cette position-là.

J'étais tellement pénétré du ridicule de cette situation que j'avais formé « *le projet de de-* » *mander à la prochaine Chambre* », de me remplacer cette ordonnance de 1684 par quelque chose de moins rococo, qui ne rendît pas le préfet de police aussi grotesque.

J'avais rêvé une nouvelle législation « *conci-* » *liant les pouvoirs discrétionnaires du préfet de* » *police avec les garanties des citoyens.* » Quelque chose enfin d'aussi réalisable que l'union légendaire de la carpe et du lapin.

Je suis hélas !... sorti de la préfecture de police avant d'avoir pu mener à bien ce splendide projet qui devait résoudre ce problème, considéré jusqu'ici comme insoluble :

Enfermer dans une pièce sans issue un tigre et des moineaux et compter sur la Providence pour que les « *pouvoirs discrétionnaires* » de celui-là ne menacent en rien la « *sécurité* » de ceux-ci.

Réduite à l'appui de la fameuse circulaire de 1684, la préfecture de police a aujourd'hui « *perdu presque toute autorité sur la surveillance* » *des mœurs.* »

Elle continue, il est vrai, à distribuer aux malheureuses femmes qui font commerce de leur corps, une sorte de circulaire leur indiquant en détail jusqu'aux moindres de leurs devoirs envers le public ; mais ces instructions sont allées rejoindre la circulaire de 1684, et « *le public peut se convaincre qu'aucune de ces* » *prescriptions n'est plus respectée.* »

Je pourrais, comme l'a fait certain posticheur de ces nobles mémoires, me faire tout un chapitre de copie en reproduisant ici ce guide officiel, mais malpropre, de la courtisane au cachet, mais ce livre étant surtout destiné à pénétrer dans les familles bourgeoises et vertueuses à cause des révélations graveleuses que son titre semble leur promettre, je ne crois pas devoir y introduire certains détails trop scabreux.

Je me bornerai à faire quelques extraits de ce *vade-mecum* de l'horizontalisme estampillé.

Il y est dit entr'autres choses que les filles « *doivent avoir une mise simple qui ne puisse* » *attirer les regards, soit par la richesse ou la* » *couleur éclatante des étoffes, soit par les modes* » *exagérées.* »

Je crois qu'il n'y aura qu'un seul cri parmi tous les honnêtes gens pour applaudir à cette mesure interdisant aux femmes perdues les accoutrements excentriques, les atours provoquants et les décolletages effrontés qui pourraient les faire confondre avec certaines femmes du monde.

Il est également défendu aux filles, par le règlement en question de circuler « *aux envi-* » *rons des églises et des temples, à distance de* » *vingt mètres au moins.* » Bien que Dieu ait la réputation d'avoir une assez bonne vue, puis-qu'il est partout, il paraît que les hommes ont pensé qu'à partir de vingt-et-un mètres, il ne voyait plus rien.

Je terminerai cette analyse un peu gênante en appelant l'attention de mes lecteurs sur un article de ce règlement aussi bizarre que mo-ral qui interdit aux filles de se promener « *sur les grands boulevards* », probablement parce qu'il y a beaucoup de monde et « *dans les lieux déserts* » , sans doute parce qu'il n'y passe personne.

Je suppose que mes lecteurs sont suffisam-ment ahuris maintenant par la lecture des extraits d'un règlement auquel la fréquentation assidue d'une ordonnance de 1684 a donné un air des plus cocasses, et je ferme les persiennes de ce chapitre d'un numéro vraiment extrava-gant; mais non sans avoir constaté de nouveau avec amertume l'impuissance dans laquelle se trouve maintenant la police de réglementer la prostitution, tant le nombre des... congrégations non autorisées a augmenté depuis que les fils de bourgeois — d'accord d'ailleurs avec leurs respectables pères — ne veulent plus entendre parler des filles à marier au-dessous de cent mille francs de dot.

Autrefois, indépendamment des maisons régulièrement autorisées, la police en tolérait certaines autres selon qu'elle trouvait dans ces dernières une « *source plus ou moins utile d'informations délicates et discrètes* ».

Je ne sais si je me fais suffisamment comprendre, comme dit ce célèbre capitaine Regnier de Pothey; mais cela peut se traduire pour le vulgaire, par ce conseil salutaire : On ne *potine* pas avec l'amour.

A côté de ces honnêtes établissements qui avaient le mystère pour enseigne et l'indiscrétion pour consigne, il faut encore citer les innombrables magasins qui sous l'étiquette de parfumerie, de ganterie, de librairie, etc... etc... offrent aux passants beaucoup d'articles qui ne sont pas à l'étalage.

Sans compter les soi-disant magasins d'objets d'art et de peintures anciennes où le public trouve plus de tableaux vivants que de natures mortes.

Je me fais un devoir de rendre ici justice aux louables efforts qu'a faits mon successeur, M. Camescasse, pour traquer et faire disparaître ces parfumeries fantaisistes où l'on ne débite l'eau de Lubin qu'à consommer sur place, et ces magasins d'objets d'antiquité dont le plus ancien n'a quelquefois pas quinze ans.

Mais j'ai le regret de constater que M. Camescasse y a perdu son temps et sa peine, car plus que jamais Paris fourmille de ces boutiques — très régulièrement patentées — mais dont les rayons sont si mal assortis que l'acheteur timide, qui y est entré pour acheter des gants sept et demi, est souvent obligé de se contenter d'un neuf trois quarts, que la marchande réussit encore à lui faire trouver un peu juste.

Pendant le voyage que j'avais fait à Bruxelles pour empêcher les conseillers municipaux

Hattat et Cernesson de dire trop de bêtises à la
Reine des Belges — voyage que j'ai raconté
dans ces Mémoires — j'avais eu occasion « *d'é-*
» *tudier le fonctionnement de la police des mœurs*
» *chez nos voisins* » et la comparaison, je l'a-
voue, ne m'avait pas paru à l'avantage de la
France.

M. Lenaers, commissaire en chef de la police
des mœurs à Bruxelles, m'avait longuement
expliqué que le gouvernement belge n'était
parvenu à combattre l'envahissement de la
prostitution clandestine qu'en donnant la plus
grande latitude à la police.

Ce raisonnement de M. Lenaers flattait mon
dada favori et je me promis bien d'essayer de
faire comprendre au gouvernement français
que ce qu'une grande République comme la
France avait de mieux à faire était de calquer
ses institutions sur celle d'un petit État mo-
narchique.

En attendant ce retour de l'âge d'or qui doit
rendre au Préfet de Police toute l'autorité sans
contrôle que lui avaient attribuée des ordon-

nances sacrées dont la plus jeune date de 1684,
— (en 201 avant Yves Guyot) — la liberté de la
prostitution est devenue pour ainsi dire un
fait acquis à Paris. L'on ne verra que trop tôt ce
que doit donner cet essai loyal.

Dans le premier chapitre du second volume
de cet ouvrage, j'aborderai la fameuse affaire
de la rue Duphot, qui a fait tant de bruit.

POST-FACE

J'arrête ici ce premier volume de mes *Mémoires*. J'en publierai d'autres. Combien? Je n'en sais rien; cela dépendra du nombre d'imbéciles qui trouveront drôle de payer trois francs cinquante un livre qui ne contient rien de neuf, rien d'intéressant, rien d'instructif.

Si le public se contente de cela, je suis prêt à lui donner la réplique aussi longtemps qu'il pourra le désirer.

Avec le système que j'emploie, les documents ne me feront jamais défaut. Je ne suis resté que deux ans à la Préfecture de police, c'est vrai; mais j'écrirai facilement, s'il le faut, quinze cents volumes avec ces deux années-là, puisque j'ai à ma disposition, pour boucher les trous, tous les événements qui ne se rattachent en rien à mon administration, depuis l'histoire du vase de Soissons jusqu'à celle du vase de... Périvier.

Beaucoup de gens, je le sais, se sont demandé dans quel but j'avais bien pu écrire ce livre qui me ferme à jamais, je le sais aussi, toutes les carrières.

En effet, je ne puis me dissimuler que cet accès de *menfoutisme* me rend désormais impropre à toute fonction sérieuse.

Quel est le gouvernement qui confierait un poste quelconque à l'homme qu'il sait capable de vider, en partant, les armoires aux papiers publics pour s'en faire un casier de « *documents personnels* »?

Quel est l'électeur qui écrirait sur son bulletin de vote le nom d'un candidat qui fait de ses programmes politiques une rallonge au fameux chapitre... des essuie-mains de Rabelais.

Et dans la vie ordinaire :

Quelle est la société, la corporation qui accueillerait au nombre de ses membres, le *menfoutiste* qui, après avoir pendant quinze années occupé un des plus hauts grades de la franc-maçonnerie, a trouvé drôle de ridiculiser cet ordre duquel il avait tiré tout ce qu'il avait pu en honneurs, en protection et en gloriole?

Quelle est la maison où l'on ne fermera pas à double tour tous les tiroirs à papiers en voyant entrer un homme qui a trouvé bon de publier sur un particulier, mort depuis huit ans, des documents déshonorants, et volés à ce dernier par le plus malpropre des subterfuges policiers?

Oui, les gens qui me croient un homme fini ont raison.

Cependant, ils ne voient et ne prévoient pas tout. Mais, moi qui suis malin, rien ne m'échappe — surtout maintenant que je ne suis plus Préfet de police.

Je ne suis plus bon à rien, j'en conviens. Tant que les événements publics se dérouleront d'une façon normale, je n'ai plus à attendre ni un siège au conseil d'État, ni une ambassade, ni un portefeuille, pas même un mandat de n'importe quoi dans une Chambre haute ou basse.

Mais, tant qu'une nation n'est pas tout à fait sauvée, elle peut avoir des revenez-y de 2 décembre!... La gloire des Morny et des Maupas m'a toujours fait loucher. Voilà la seule maintenant, à laquelle je puisse prétendre.

Qui sait!...

TOUCHATOUT.

TABLE DES CHAPITRES

FIN DE LA TABLE

F. Aureau. — Imprimerie de Lagny.

NOUVELLES PUBLICATIONS

COLLECTION IN-18 A 3 FR. 50 LE VOLUME

Olympe Audouard. .	Voyage au pays des Boyards.	1 vol.
Gabriel Beau.	Les Étourdies.	1 vol.
E. Benjamin.	L'Impure.	1 vol.
A. Bouvier	Veuve et Vierge	1 vol.
—	Le Fils de l'Amant.	1 vol.
. . . . . .	La Petite Cayenne	1 vol
—	Iza la Ruine.	1 vol.
—	La Mort d'Iza.	1 vol.
E. Cavailhon.	La Créole parisienne.	1 vol.
R. Caze	Les Bas de Monseigneur.	1 vol.
E. Chavette	Le Saucisson à Pattes.	2 vol.
—	La Conquête d'une Cuisinière. . . .	2 vol.
C. Chincholle.	La Ceinture de Clotilde.	1 vol.
A. Dalsème.	La Folie de Claude.	1 vol.
C. Debans.	Les Malheurs de John Bull.	1 vol.
C. Delaville	Les Bottes du Vicaire.	1 vol.
G. d'Hailly	Claudia Vernon.	1 vol.
—	Fleur de Pommier.	1 vol.
—	L'Hermaphrodite	1 vol.
P. d'Orcières.	Un Notaire assassin.	1 vol.
P. Dumas.	Thalie.	1 vol.
G. Duval.	Le Quartier Pigalle.	1 vol.
—	La Pretantaine	1 vol.
C. Etlévant.	La Débâcle.	1 vol.
J. Gozal & P. Verdun. .	Mariée!	1 vol.
Yves Guyot.	Un Fou.	1 vol.
—	Un Drôle	1 vol.
M. Robert Halt. . .	La Petite Lazare	1 vol.
Arsène Houssaye. . .	Les Douze Nouvelles nouvelles (ill.)	1 vol.
Ch. Joliet.	Mille Nouvelles à la main.	1 vol.
Henry de Kock . . .	Ratée.	1 vol.
Jul. Lamber (M. Adam).	Jean et Pascal	1 vol.
Lancelin	Un Curé	1 vol.
—	La Femme d'un autre.	1 vol.
A. Leroy.	L'Amour sans Phrases	1 vol.
Louis Noir.	Les Vierges de Verdun (1792) . . .	1 vol.
—	La Colonne Infernale.	1 vol.
L. Pichon	L'Amant de la Morte.	1 vol.
A. Rémusat.	Récits du Gaillard d'Avant.	1 vol.
A. de Sauvenière. .	Monsieur le Baron	1 vol.
A. Scholl	Les Nuits Sanglantes	2 vol.
Jehan Soudan.	Histoires de l'autre Monde.	1 vol.